中小企業の
持続可能な経営の基礎

〈著〉
千葉商科大学大学院客員教授　加賀　博
中小企業診断士　古望髙芳
中小企業診断士　栗原　拓

公益財団法人 日本生産性本部 生産性労働情報センター

はじめに

　今日、世界はグローバリゼーションから自国ファーストへと真逆な方向に向かっている気がします。協調より対立、平和から争いへ、平等から格差へ、民主主義から専制主義へと時代が逆走しているとも言えます。こうした世界の政治、経済、社会の環境変動にともない、時代はまさにパラダイムチェンジ時代へ突入しています。

　一方日本はどうでしょう。人生100年時代と言われるように高齢化が著しく、世界保健機関（WHO）が2024年に発表した世界保健統計では、日本の平均寿命は84.5歳となり、世界一の長寿国になりました。また出生率は、全国では1.2、東京都は0.99と過去最低を記録し、少子化が更に進み、人口減少が急進しており、2070年には、江戸時代と同じ人口になってしまうと予想されています。

　このままでは、日本の国力は低下し世界での存在力も弱くなってしまいます。
　本書では、このような国難に近い状況を打破するため、産業基盤を支える中小企業の経営改革をいかなる考え方や方法で行うか、更には経営をリードする経営者及び経営人材がいかに自己革新するかをテーマに、日本型経営の重要性と強みである志（こころざし）経営の手法を私、加賀博（千葉商科大学大学院中小企業診断士育成コース客員教授）と古望髙芳（中小企業診断士）、栗原拓（中小企業診断士）の３名にて現場のキャリアを生かし具体的にまとめさせていただきました。

　ぜひ本書が、激変するパラダイム時代に経営を行う経営者及び経営人材、そして志（こころざし）ある皆様にとって、少しでもお役に立てることを願っています。最後に、本出版にあたり多大なご支援ご協力を賜りました公益財団法人日本生産性本部　生産性出版・生産性労働情報センター編集長　下村暢様及び株式会社ジーアップキャリアセンター野田啓子様には心より感謝申し上げます。

著者代表　2024年夏

中小企業の持続可能な経営の基礎　もくじ

序章　VUCAの時代に不可欠な"不易流行"の経営
  1．日本企業の強さの源泉と凋落の要因……………………………… 3
  2．日本的経営とパーパス経営の共通点……………………………… 5
  3．"不易流行"の経営と、松下幸之助の経営 ……………………… 7
  4．VUCA時代の10の経営パラダイムチェンジ…………………… 10

第Ⅰ章　経営（マネジメント）の5つの基本を理解する
  はじめに：経営（マネジメント）の5つの基本とは…………………… 18
  1．経営の目的を明確に
    〜何のために、誰のために事業をしているのか〜………………… 21
  2．今、置かれている状況を把握する
    〜正しく認識するため、多くの視点を持つ〜……………………… 28
  3．人・組織が経営課題を解決する
    〜全ては人の育成次第〜……………………………………………… 37
  4．将来の目的を達成するための手段を考える
    〜バックキャスティングからのアプローチを〜…………………… 50
  5．目的に手段が合っているか
    〜目的に対する手段が間違っていれば成果は出ない〜…………… 65

第Ⅱ章　パラダイムチェンジ時代の
　　　　経営者及び経営人材に求められる3つの改革テーマ
  はじめに：経営者及び経営人材に求められる3つの改革テーマとは……… 80
  1．経営者及び経営人材キャリアビジョン改革………………………… 81
  2．経営マネジメントスキル力改革……………………………………… 98
  3．ホスピタリティコミュニケーション力改革………………………… 104

第Ⅲ章　経営理念・方針・目標を浸透させ、全社的営業力を高めるために
　1．経営理念・方針・目標浸透化
　　　～理念の浸透なくして組織力の向上なし～………………………… 118
　2．全社的営業力の開発
　　　～全社的営業力開発の重要性～………………………………………… 142
　3．組織改革ＳＷＯＴ分析方法の重要性と方法…………………………… 156

第Ⅳ章　持続可能な中小企業資金調達経営
　1．中小企業の資金調達のバリエーション………………………………… 160
　2．コロナ禍での資金調達の状況…………………………………………… 167
　3．借入が返済できなくなるとどうなるのか……………………………… 173
　4．金融機関に何を見られているのか、信頼される関係を構築する……… 178

著者プロフィール ………………………………………………………… 190

序章

VUCAの時代に不可欠な"不易流行"の経営

『ジャパン・アズ・ナンバーワン －アメリカへの教訓－』（原題：Japan as Number One: Lessons for America）（著者：エズラ・ヴォーゲル（社会学者））という本が、1979年に出版され70万部を超えるベストセラーとなり、一世を風靡しました。

本書は、戦後の日本経済が高度成長を遂げた要因を分析し、日本的経営手法を高く評価した内容になっています。現在でも1980年代の日本経済黄金期を象徴的に表現する言葉としてしばしば用いられるキーワードでもあります。

しかし、1990年代初頭にバブル景気が崩壊して以降、日本経済はかつての勢いをすっかり失い、未だに勢いを取り戻せないまま「失われた〇十年」といった言葉が、長く用いられる時代が続いています。

それに加えて、昨今は「VUCA」の時代と呼ばれています。VUCAとは、次の4つの単語の頭文字から作られた造語です。

V（Volatility：変動性）　　U（Uncertainty：不確実性）
C（Complexity：複雑性）　A（Ambiguity：曖昧性）

一言で言うと「先行きが不透明で、将来の予測が困難な状態」を意味し、既存の価値観やビジネスモデルなどが通用しない時代であることを示唆しています。

そのことが広く認識されるきっかけとなったのは、2016年に開催された「世界経済フォーラム（ダボス会議）」です。ダボス会議で、「VUCAワールド」という言葉が使われ、「今はVUCAの時代だ」ということが、世界的な共通認識となりました。

「VUCA」の上にさらにコロナ禍のパンデミック、加えてロシアのウクライナ侵攻、イスラエルとパレスチナの紛争などが重なり、現代社会はVUCAの二乗・三乗の世界に陥っています。

そうした時代の中で、企業は一体何を指針として経営していけばよいのでしょうか？

そこで浮かび上がってくるキーワードは、"不易と流行"です。"不易"とは、時代を超えて堅持していくべきもの。一方、"流行"は、時代の変化とともに変革し変えていかねばならないもの、を意味しています。

筆者の私は、松下幸之助が1918（大正7）年に創業した松下電器産業㈱（現パナソニック㈱）に入社し、営業部門を中心に35年間勤務する中、「松下幸之助経

営理念実践伝道師」という社内資格を取得し、社業を支える多くの社員に対して創業者幸之助の経営理念や実践哲学などを伝道する役割を担ってきました。定年後は中小企業診断士として、中小企業経営者や経営幹部の皆さんを中心に各種研修やセミナーの開催、また中小企業への具体的な経営サポートを生業としています。

そうした経験を踏まえ、本稿では経営トップ並びに経営幹部層（部長以上）の皆さんを対象に、企業経営に取って"不易"と"流行"とは何か？について考え、"不易"を重視する経営の重要性と日常業務での実践方法についてここではお話していきたいと思います。

1．日本企業の強さの源泉と凋落の要因

『ジャパン・アズ・ナンバーワン －アメリカへの教訓－』に象徴されるように、なぜ1980年代までの日本企業は世界をリードするほど強かったのでしょうか？

それは、複数の要因が絡み合っての結果だと思いますが、筆者が強く感じるのは、次の２つの点についてです。

1）企業が長期的視点に立って経営に取り組んだこと
2）人間を中心に考えた「日本的経営」が効果的に機能したこと

筆者は、松下幸之助が創業した松下電器産業㈱（現パナソニック㈱）で35年間勤務した経験を持ちますが、経営の神様とも称された幸之助が「経営や仕事に行き詰まったら石田梅岩の『都鄙問答』を読みなはれ」と説き、また現代を代表する経営者である元京セラ会長稲盛和夫氏も「石田梅岩が私に与えてくれたものは計り知れない」と述べています。時代を遡れば、明治期を代表する福沢諭吉や渋沢栄一も、梅岩に大きく感化された超一級の経済人でした。

さらに時代を遡れば、江戸中期を代表する思想家であり、商人出身で「道徳と経済の両立」の理念を日本で初めて全国に広めた石田梅岩（石門心学の創始者）の考え方である「**心学**」は、江戸時代の近江商人に多大な影響を与えています。「**心学**」とは、書いて字の如く「心の学問」であり、「己の本心を見つめ、人間性を磨く修養学」と言えるものでした。

江戸中期、商人は士農工商という身分制度の最下層に位置付けられていました。その理由は、賤商思想（商業（金銭）を賤しむという武士中心の価値観）に基づくものだったのですが、商人に対するそうした偏見は不当であると梅岩はきっぱりと否定し、「商人が商売で利益を得ることは、武士の俸禄と同じである」と主張したのです。商人は、単にものを右から左へ流すだけで利益を得ているのではなく、余剰したものを不足しているものと交換し役立たせる、その仲立ちをするのが商人の役割だと説いたのです。
　この考え方は、商業活動に後ろめたい感情を抱く商人、あるいは商売のあり方が不明な商人に対して大きな励ましとなりました。
　また、梅岩は商人というものは顧客を騙したり暴利を貪るのではなく、節度ある誰からも後ろ指を指されない「商人道」に則った正々堂々とした商売を行い、世の中のため、人のために尽くさねばならないと説いたのです。
　近江商人の徳目は「誠実・勤勉・倹約・堅実・忍耐」に代表されますが、それは正に梅岩が商人に求める価値観と通底するものだったのです。
　こうした歴史を紐解いて見えてくるのは、日本の商人（商売）は、「商人道」の言葉に凝縮されるように、商売は単なる利益の追求ではなく、社会（世のため人のため）に貢献することが目的であり、そのためには人として自らの心を修養し、自己を戒め高める道徳性を備えることに注力してきたことが分かります。視点を変えれば、ここに日本のビジネスの原点があったのです。これが日本の土壌に合ったビジネスのあり方であり、日本人の民族性に馴染んだ姿であったと考えることができます。
　戦後の日本企業の強さは、こうした古来日本に根付いていた価値観に基づいた経営をしてきた故の強さであったと考えられます。

　一方、平成に入り今日に至るまで、日本の経済が一気に勢いを失って「失われた〇十年」という言葉が長く未だに用いられています。これも複数の要因が絡み合っての結果だと思いますが、筆者が強く感じるのは、日本企業の強さの源泉を見失い、欧米的経営の後を追いかけてしまったことにその要因があると考えます。それは、次の３点に集約されます。
　１）企業が短期的視点に立って経営に取り組んだこと

2) 金儲けを中心に置いた「欧米的経営」を模倣してしまったこと
3) 人財重視、人財育成の考え方や風土を軽んじたこと

　平成以降の経営者の多くがアメリカで学び、MBAなどで修得した経営手法をそのまま日本企業の風土に植え付けようと試みた結果、結局根付かせることが出来なかったと同時に、日本企業本来の強さをも枯渇させてしまった、ということです。

　また、現代の企業業績は、四半期決算という極めて短期的な視点で評価されがちです。従って、ともすれば短絡的に株主利益や株価の最大化を自己目的化してしまう弊に陥り、企業経営者はこの数値の向上に血眼になる方向に追いやられてしまいます。

　筆者は、決して利益の最大化を否定するものではありませんが、そのために長期的な経営の視点まで失ってはならないと強調したいのです。

　1980年代までの日本的経営から1990年代以降の欧米的経営へと振り子が大きく揺れる中、"はじめに"で説明した「VUCA」の今の時代に求められる経営のあり方について、真摯に考えて行かねばならない時代に突入していると痛感しています。

2．日本的経営とパーパス経営の共通点

　世界で最も注目を浴びている経営理論の一つと言っても過言ではない「パーパス経営」の第一人者名和高司氏は、著書『パーパス経営』（東洋経済新報社刊）の冒頭に次のようなポイントを挙げています。
- 資本主義の変革が求められており、新たな経営のアプローチが模索されている。
- 資本主義は、これまで金融資産を重視してきたが、21世紀の価値創造の基軸は「ヒト」、つまり人的資産こそ重要である。
- そうした中、今「パーパス経営」が注目を浴び、持続可能性が地球規模の課題となる中、企業にも改めて「パーパス」が問われている。
- 「志本主義（パーパシズム）」と呼ばれる新たな経営の形が提案され、経営の基軸として「志」を重視する動きがある。

- それは、古来、日本人が大切にしてきた価値観であり、われわれ日本人は誇りを持って再認識すべきである。
- 志本経営の源泉は、目に見える資産ではなく、「志」という目に見えない資産であり社内外に広く共有されて初めて価値を生み出す。
- そうした共感を生み出す仕組みの確立が必須不可欠である。

そして、本著の中では古来日本に存在してきた「パーパス経営」の例として、例えば次のような例が取り上げられています。
- 論語と算盤（渋沢栄一の著書。伝統的な孔子の教えと経営における実践的な知恵を融合して説いた書）
- 三方よし（"売ってよし、買ってよし、世間よし"と表される近江商人の商道徳観。
  すなわち、顧客満足、従業員満足、株主利益の３つを同時に実現するという考え方）
- 自利利他公私一如（住友の事業精神。個人の利益と他者の利益、私的な利益と公共の利益は一致すべきであるという考え方）

これらの例に共通する点は、どれもが「ビジネス」と「倫理性・道徳性・社会性」を両立させる価値観を有しているということです。「ビジネス」は、時代とともにビジネスモデルや戦略・戦術を変えていく"流行"（時代の変化とともに変革し変えていくもの）であり、「倫理性・道徳性・社会性」は、"不易"（人間社会が繁栄し平和に共存していくために、時代を超えて堅持していくべきもの）と考えることができます。

奇しくも今、日本的経営の中に連綿と受け継がれてきた"不易"と"流行"の側面が、パーパス経営によって大きくクローズアップされ、「VUCA」の荒波を乗り切る羅針盤として熱い視線を浴びる時代を迎えたと言っても過言ではないと思います。

3．"不易流行"の経営と、松下幸之助の経営

(1) "不易流行"の経営

　次の表は、読者の皆さんが、「不易と流行」のどちらに重点を置いて経営を捉えているかについて自己評価するためのチェックリストです。このチェックリストの問いに対して、5段階評価の平均点が4以上の場合は、「不易」よりも「流行」に重点を置いて経営を捉えています。さらに言葉を選ばずに言うならば、人を追いかけるよりもカネを追いかけることに重点を置いた経営です。カネを追いかけるには哲学は必要ありません。しかし、人を追いかけ活かすためには哲学が必要です。日本のビジネスの原点である石田梅岩著『心学』は、正に商人の哲学を示した著書であり、当時の商人に求めた哲学でもあります。そして、現代のビジネスにも求められる不易の価値観であることを認識しなければなりません。

	項　目	チェック欄 （5段階評価）	評価の理由
1	私は、経営を成功に導くためには… 「目に見えるもの」が「目にみえないもの」より重要だと考えている		
2	私は、経営を成功に導くためには… 「経営のやり方」が「会社のあり方」よりも重要だと考えている		
3	私は、経営を成功に導くためには… 「経営戦略・戦術」が「経営理念」よりも重要だと考えている		
4	私は、経営を成功に導くためには… 「売上・利益」を追求する方が、「社員のモチベーション」を向上するよりも重要だと考えている		
5	私は、経営を成功に導くためには… 「技術力」や「商品力」を高めるほうが「社員の人格」を高めるよりも重要だと考えている		

（5：全くそう思う　4：そう思う　3：どちらともいえない　2：そう思わない　1：全くそう思わない）

筆者は、「不易と流行」を絵で表現するならば、次のような姿になると考えています。

　上の図について、少し説明を加えたいと思います。
　まず、"不易"は「形而上」、"流行"は「形而下」と私は考えます。「形而上」とは、「非物質的で観念的なもの＝目に見えないもの・形がないもの」、「形而下」とは、「物質的で実際的なもの＝目に見えるもの・形があるもの」を指します。
　日本企業が強さを発揮した時代の経営者は、「形而上」の"不易"を追いかけ、日本企業が勢いを失い凋落した時代の経営者は、「形而下」の"流行"を追いかけてきたと言ってよいと思います。

　あなたは人を追いかける（人づくり）経営をしていますか？、それともカネを追いかける（カネもうけ）経営をしていますか？
　筆者は、これまで中小企業診断士として、多くの経営者や経営幹部の方に研修やセミナーを行なったり、議論を通じて意見を交わしてきましたが、"不易"よ

りも"流行"に重きを置いている経営者、更に言うならば、カネを追いかける経営者が圧倒的に多いと感じています。

　経営の"やり方""目に見えるもの""How to do""経営戦略・戦術"、「どうやったら儲かるか」「すぐに結果が出るもの」には関心を示しますが、経営者（経営幹部）としての"あり方""How to be"また"目に見えないもの""経営理念"といった「なかなか結果が出ないもの」などに関心を示す人は限られている、というのが実感です。

　また、社員のモチベーションが上がらない、離職者が一向に減らない、どうやって人を育てればよいのか分からない…など、ほとんどの経営者（経営幹部）が「社員」や「人財育成」について悩み、苦しんでいる実態も見てきました。しかしそれは、「形而下」→"流行"→「目に見えるもの・形があるもの」→「カネもうけ」→「哲学を持たない」→「人を活かせない」という連鎖であり、当然の結果だと思います。

（2）松下幸之助の経営

　一方、松下幸之助の経営は、「形而上」→"不易"→「目に見えないもの・形のないもの」→「人づくり」→「哲学を持つ」→「人を活かす」という連鎖になり、"流行"よりも"不易"に圧倒的な関心を持って経営を進めた姿勢の結果だと考えています。

「王道の経営」「覇道の経営」「邪道の経営」

　経営には、「王道の経営」「覇道の経営」「邪道の経営」の3つがあります。

> 「王道の経営」：正義・大道の経営、人間主義の経営。
> 「覇道の経営」：権力の経営、カネが主役の経営。
> 「邪道の経営」：邪な経営、法律を破る経営。

　幸之助は、「自然の理法に則った経営こそ王道だ」と考えていました。

　王道は社会や政治の秩序を維持し、自然の理法は自然界の秩序を表します。幸之助は、秩序を保つためには、原理原則に従って行わねばならないと考えていま

した。王道では法の支配や公正さ、自然の理法では自然の法則や生態系のバランスがそれに当たります。両者ともに、個々の利益よりも共同体や社会全体の利益に重きを置いていることが分かります。故に、幸之助は自然の理法＝王道という考え方に至ったのだと思います。

また幸之助はある時、「自らの経営哲学を一言で言えばどのような言葉になるか？」という問いに対し、「"人間大事"の経営ですな」と答えています。「一切は人間のため」「人間からの出発」「人間誰でも偉大」また、「事業の基礎は人」「物をつくる前に、人をつくる」といった幸之助の言葉に代表されるように、幸之助が進める経営のど真ん中には、常に「人」が主役であり、「人」が主人公として存在してきました。「人」無くして、経営はありえないという徹底した信念の元に経営が進められてきました。このように、幸之助が求めた経営は、徹底して人間主義の「王道の経営」でした。

すなわち、「形而上」→"不易"→「目に見えないもの・形のないもの」→「人づくり」→「哲学を持つ」→「人を活かす」→「王道の経営」という連鎖であることが分かります。

一方、現代の多くの企業や経営者が求める経営は、カネを追いかける「覇道の経営」であり、それが行き過ぎれば「邪道の経営」に陥ってしまいます。ニュースや新聞紙上を賑わす企業不祥事は、正に「邪道の経営」に陥った企業の姿だと認識しなければなりません。

すなわち、「形而下」→"流行"→「目に見えるもの・形があるもの」→「カネもうけ」→「哲学を持たない」→「人を活かせない」→「覇道の経営」「邪道の経営」という連鎖の結果であることを理解しなければなりません。

4．VUCA時代の10の経営パラダイムチェンジ

2020年までは、世界はグローバル化を進め、各国特有の産業や製品、必要な人材が世界中に移転されるとともに、各国ともその国の特有資源に基づいて経済発展が進められてきました。特に中国やインド、そして南米地域・アフリカ地域の国々も、グローバル化に伴い大発展が進んできました。

ところが、新型コロナウィルスの世界中への感染拡大により、また経済大国の米国と中国との政治的経済的摩擦により、さらにはウクライナ侵攻や中東情勢に代表される地政学上の問題により、自国ファースト的な考えが主流になり、グローバル化推進に最も重要とされる共労、共感、共有など互いのシェアを重要視する経済政策が大きく歪められています。

こうした脅威が重なり、世界の経済環境、経営環境が大変動しています。こうした未曾有の大変動に対し、いかに企業を守り維持・発展するかにおいては、従来の経営の考え方、価値観、人材育成方法では役に立ちません。まさに根本的経営大改革が必要となります。そのためには、経営者（経営人材）の改革、経営戦略の改革、経営手法の改革など、経営すべての改革を推進する必要があります。

それには、こうしたVUCAの大変動時代におけるパラダイムチェンジをよく考え分析し、対策を計画し実行することです。そして、大変動パラダイムチェンジに対応するためには、まず第一に経営の原理を振り返り、原理に照らして、原理に戻るための対策こそが最も効果的と考えます。

どんな時代にも原理が基盤となり、原理は永遠に変わらないものと言えます。経営とは、不易流行に基づいて行い続けることと思われます。

さて、未曾有な大変動に対して経営対策を推進するためには、経営のパラダイムチェンジをよく考え対策することです。まず考えられる経営パラダイムチェンジは以下の10のチェンジです。それぞれのパラダイムチェンジのポイントについて、改革テーマのメジャー（ものさし）とすることが重要です。

〈10の経営パラダイムチェンジ〉
チェンジ1：集中から分散へ　　　チェンジ2：関連から分断へ
チェンジ3：長期から短期へ　　　チェンジ4：大量から少量へ
チェンジ5：成長から維持（継続）へ　チェンジ6：資本から人材へ
チェンジ7：都市から地方へ　　　チェンジ8：大から小へ
チェンジ9：所有から活用へ　　　チェンジ10：出世から自律へ

10のパラダイムチェンジについて、ポイントを以下に説明します。

チェンジ１：集中から分散へ

　政治も経済も企業も、組織本部に権力や権限が集中し、統制を取る（ガバナンス）ことが行われてきました。しかし、集中統制から分散管理へと経営機能、役割が移っています。例えば、新型コロナウィルス感染防止対策として広まったテレワークなどはその例と言えます。必ずしも会社に出社して仕事（ミッション）を果たすのではなく、ICTを最大限活用して自宅などで行うことです。世界中でテレワークは一挙に広がり新しい仕事の仕方、すなわち働き方改革として重要視されてきています。

チェンジ２：関連から分断へ

　今までの関係や関連が分断されること事態が起きています。米国では国内の政治的対立、トップの意志・目的により、従来必要な関係や関連があっても切り離されています。地政学的リスクにより、グローバルな輸出入など経済取引や情報関係が中断されています。国際紛争や感染症拡大時にはサプライチェーンが分断され、物の流通が分断中止せざるを得ない状況です。こうした事態は、経営リスクマネジメントの大きな問題となり、従来のような様々なネットワークが見直しされていくと思われます。

チェンジ３：長期から短期へ

　経営で最も大切なこと将来に対する見通しです。経営の方針やビジョンに基づく長期的な経営計画を予測の基に立てることです。端的な例は、経営５ヵ年計画です。この経営５ヵ年計画は、今日あらゆる企業に求められる内容です。特に金融機関との取引関係、また株主やステークホルダーと言われる人々にとっては最も重要なものです。しかし、新型コロナウィルス感染拡大時や国際紛争下のような大変動時代においては、将来の予測、見通しは極めて難しく、特に長期の計画は立て難いと言えます。

　今現在、どのように経営継続のための手段を取るか、目の前の問題、課題に即座に対応しなければなりません。つまり、長期的なことより短期的な計画手段と実行が重要となっています。新型コロナウイルス感染症は収束しましたが、国際紛争は収束のきざしが見えません。仮に収束しても、経済、経営が受けた大きな

ダメージはすぐに収束するものではなく、かなりな時間を要すると思われます。長期的視野を考え、計画することと共に、短期的で即効的なテーマに取り組み実践することが何より優先されると思われます。

チェンジ4：大量から少量へ
　大変動時代では、多くの企業倒産が予想されます。また、仮に倒産しなくても成長し続ける企業は少ないと思われます。経営にとっては経営不振、経営不調の状況が続き、従業員の実質給与は減少すると予想できます。こうした不況下では当然、支出は大幅に下げざるを得ません。従って大量消費は期待されません。今後はむしろ少量消費といった経済的生活が必要になります。すなわち消費経済、生活は大幅にシュリンク（縮小）し、分相応の質的生活へ進むと思われます。

チェンジ5：成長から維持継続へ
　大変動及び少子高齢社会では企業成長を望むべくもなく、最も大切なのは経営を維持継続し、生き延びることだと思います。経営を継続さえでき、他の競争企業が継続できなければそのシェアを得ることが可能になります。すなわち生き延びるだけで勝つことができます。これは自然界のおきてのようなものです。すべての生命体は生き延びたものが残っていくのです。競わず勝つ方法でもあります。不況下、少子高齢社会は需要そのものがシュリンク（縮小）するため、成長するためにはまず生き延びる経営維持、継続へのテーマが最も重要と言えます。

チェンジ6：資本から人材（財）、人的資本へ
　これまでの経済は、世界中で大量な資本力がグローバル市場、経済を支配してきたといっても過言ではありません。大型資本力をバックに企業の買収やM&Aが盛んに行われ、中小企業やベンチャー企業はその対象となり、まさに経営拡大は資本力によるものといった状況でした。しかし、大変動時代には、いくら資本を持っていても資本投資するメリットが予測できない状況になっています。もちろん資本力はあった方が良いのですが、その資本を有効に活用できるのは優れた人材がいてこそです。従来は、資本は設備投資、店舗開発、新商品開発などに使われましたが、これからは人材採用及び人材育成に投資が必要となります。なぜ

ならこうした未曾有の大変動に対応できるには、有能な人材が要だからです。有能な人材採用と育成こそが、時代を切り開く武器となったと言えます。

チェンジ7：都市から地方へ

　新型コロナウィルス感染症拡大の影響でテレワークが推奨され、多くの企業が出勤しなくてもICTを活用し、オフィス以外でも仕事をすることを勧めてきました。その経営成果はまだまだ分析されてはいませんが、少なくとも会社に出社して仕事をしなくても何とかなったのは事実です。都市生活は便利で豊かなものですが、それだけ多額な費用もかかるのは事実です。都市部のオフィス家賃は高額です。また住まいであるマンションも同じです。また、通勤電車は混み、通勤ストレス、疲労は耐え難いものがあります。

　こうした都市生活を中心とした経営自体がこの不況下に見直され、ICT時代には働く場所、生活する場所が必ずしも都市にある必要がないことが実感され実証されました。自然環境も良く生活費も少なくて済む地方への関心が高まり、経営生産性的にも地方が見直しされつつあります。例を挙げれば、人材サービス大手のパソナの本社が淡路島に移転された例があります。これからはパソナのような大企業が地方移転され、人材、情報、仕事インフラ、生活インフラなど社会インフラも地方へ移され、まさに地方創生の時代に入っていくと思われます。

チェンジ8：大から小へ

　大変動に即対応するには、大型組織や大企業は適しません。なぜなら意志決定に多くの人が関わり時間がかかるからです。また、実行するにも小回りがきかなくスピードが遅くなります。したがって、変化や変動に即対応するためには小さな組織または、少人数の方が有効と言えます。大変動下で経営がゆきづまるのは、大企業や大組織が多くなります。中小企業や個人企業はダメージが大きくても、経営変更や経営改革を少ない人数でスピードを持って対処できます。大企業であっても組織を分断し、小規模組織化による自主的対応を推進する方法が最も効果的です。未曾有の大変動への対応、改革は大から小への視点が最も重要と思われます。

チェンジ9:所有から活用へ

　大変動により景気が後退すれば、資産価値(土地、建物、有価証券、債権)が大きく減少するリスクがあります。いくら資産を持っていても価値が下がる傾向になります。また、所有にはお金がかかり、無駄も発生します。例えば、家やマンションを買うより、また企業は建物や工場を建てるより、借りた方が適切だと判断する傾向が多くなることです。所有するより活用することでお金を有効に使うという傾向です。事務所や工場の賃貸料は大幅に下がると予想されます。車なども買うよりリースの方が良い、また何人かでシェアする方が良いなど、活用、使用目的に応じた方法が重要と判断されることなどです。従って徐々に所有から活用、または再利用へと経済、経営、個人活動は変わっていくと思われます。

チェンジ10:出世から自律へ

　大変動下では企業経営は大幅なリストラを行わざるを得ません。生き残るためには大量のリストラが行われ、エリートであっても職を失うことも予想されます。従来のように一生懸命働いていても出世など望めない、出世どころか会社に残れるかどうかの状況になる可能性が高くなります。この大変動下ではまず、自分が得意なこと、できること、さらに能力、資格、人脈などあらゆる自分の持てる力を分析し見直し、新たに学び直し会社を辞めても自活できる仕事、方法をつかむ必要があります。企業内での出世ではなく、自律して自己の存在価値を高める方向へ進むことが大切です。むしろ独立ベンチャーを志すことやフリーランスになることなどがサバイバル方法と言えます。

第Ⅰ章

経営（マネジメント）の5つの基本を理解する

はじめに： 経営（マネジメント）の5つの基本とは

　筆者は多くの経営（マネジメント）に関する研修やセミナーを行う際、冒頭にまず図1-1を示して説明しています。それは次のような理由からです。
①受講者が経営を近視眼的にしか見ておらず、鳥瞰的な視点から見ていない。
②受講者が経営を難しく捉えすぎ、シンプルにビジュアルに理解する術を持っていない。
③受講者が経営に不可欠な要素が何かを知らず、部分的にしか捉えていない。
④受講者が経営の幹を知らず、枝葉末節な部分に目を奪われてしまっている。
⑤受講者が経営の押さえるべきポイントの優先順位を知らず、ロジカルに考える思考を身に付けていない。

　以上のような状況を踏まえ、①出来るだけシンプルに、②分かりやすくお伝えし、③肚落ちしてもらい、④実践してもらう、ように努めています。図1-1は、そのための図表であると理解していただきたいと思います。

図表1-1　経営（マネジメント）の5つの基本

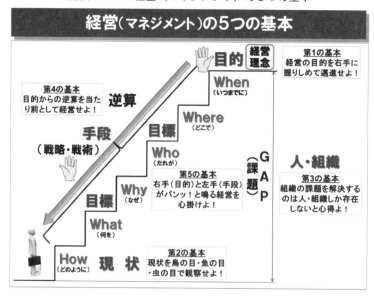

それでは、私の掲げる「経営（マネジメント）の5つの基本」について、まず概要を説明します。経営（マネジメント）の5つの基本とは次の5つです。

＜経営（マネジメント）の5つの基本＞
第1の基本　経営の目的を右手に握りしめて邁進せよ！
第2の基本　現状を鳥の目・魚の目・虫の目で観察せよ！
第3の基本　組織の課題を解決するのは人・組織しか存在しないと心得よ！
第4の基本　目的から逆算を当たり前として経営せよ！
第5の基本　右手（目的）と左手（手段）がパンッ！と鳴る経営を心掛けよ！

　まず第1の基本は、「経営の目的を右手に握りしめて邁進せよ！」ということです。何のために？誰のために？なぜ、この事業をやるのか？ということを明らかにすることです。これは、企業で言えば、「経営理念」「企業理念」「ミッション」といったものに該当します。
　旅行に例えるならば、まず「目的地」を明確に決めることです。「目的地」を決めない旅行はあり得ないと同じように、「経営の目的＝経営理念」を明確にしない経営もあり得ないということです。研修やセミナーの中では、「経営の目的＝経営理念」イコール「右手」だと受講生の皆さんに意識付けしています。

　第2の基本は、「現状を鳥の目・魚の目・虫の目で観察せよ！」ということです。企業が存在する市場において、日々市場がどのように変化し、自社がどのような競合他社を相手にして戦っているのか？こうしたことを的確に理解しなければなりません。
　旅行に例えるならば、今自分たちがどこにいるのか？「現在地」を正しく認識しなければなりません。正しく認識するためには、多くの視点が必要です。鳥の目で全体像を掴み、魚の目で時代の潮流を読み、虫の目で現場の鼓動を感じ取る。こうした多くの視点が不可欠です。

第Ⅰ章　経営（マネジメント）の5つの基本を理解する

そうすると、「経営の目的＝経営理念」と「現状」の間に"GAP"があることが分かります。この"GAP"は、組織で言えば内在する"課題"ということになります。旅行に例えるならば、「目的地」と「現在地」の間にある「物理的な隔たり・距離」ということです。
　では、この"GAP"や"課題"は何が解決するのでしょうか？それが第3の基本に繋がっていきます。

　第3の基本は、「組織の課題を解決するのは人・組織しか存在しないと心得よ！」ということです。「人」が2人以上集まれば「組織」という定義になりますが、いずれにしても、「人・組織」の他にこの"GAP""課題"を解決するものは存在しません。この事実を、しっかり認識することが重要ですが、「人よりカネを追いかける」ことに熱心な経営者（経営幹部）は、この事実を十分に理解していません。
　では次に、「人・組織」はどのようにして"GAP""課題"を解決するのでしょうか？これが第4の基本に繋がっていきます。

　第4の基本は、「目的から逆算（バックキャスティング）を当たり前として経営せよ！」ということです。
　目的を達成するアプローチとして、フォアキャスティングとバックキャスティングの2つの方法があります。フォアキャスティングは、過去のデータや実績に基づいて、実現可能と考えられることを積み上げて達成しようと試みる方法です。一方、バックキャスティングは、将来のある時点に目的を設定し、そこから振り返って今なすべきことは何かを考える方法です。
　フォアキャスティングは、短期的な目標や堅実な改善には強いのですが、革新的なアイデアの創出や長期的な目標には弱いという特徴があります。一方、バックキャスティングは、創造的な発想が可能になり、劇的な変化が求められる課題に対しては有効ですが、未来予測に基づく計画であるため、不確実性を伴うという特徴があります。
　「VUCA」の時代と言われる現代、過去の成功体験はもはや意味を持たず足枷になる時代です。従って、フォアキャスティングではなく、バックキャスティン

グからのアプローチが求められていると考えねばなりません。将来の目的からバックキャスティングするということは、「5W2H」を明確にして目的を達成するための「手段」を考えることを意味します。

「手段」を「戦略・戦術」と言い換えることもできます。筆者は、研修やセミナーの中で、この「手段」は受講者の「左手」に当たることを意識付けています。既述したように、「経営の目的＝経営理念」を「右手」と意識付け、「手段」を「左手」と意識付けする訳です。

最後に、第5の基本は、「「右手」（目的）と「左手」（手段）がパンッ！と鳴る経営を心掛けよ！」ということです。パンッ！と音が出ることは、成果が出ることを意味します。「目的」に対して「手段」がマッチしているからこそ「右手」と「左手」が合わさって音が出るのです。逆に、「目的」に対して「手段」が間違っていれば、たとえどんなに「右手」と「左手」を振り回しても音は出ず、何の成果も生み出していないことを意味しています。

では、以上のような「経営（マネジメント）の5つの基本」の全体像を頭に入れながら、第1の基本から具体的な話を進めていきたいと思います。

1．経営の目的を明確に
　　～何のために、誰のために事業をしているのか～

まず第1の基本は、「経営の目的を右手に握りしめて邁進せよ！」ということです。何のために？誰のために？なぜ、この事業をやるのか？ということを明らかにすることです。これは、企業で言えば、「経営理念」「企業理念」「ミッション」といったものに該当します。

旅行に例えるならば、まず「目的地」を明確に決めることです。「目的地」を決めない旅行はあり得ないと同じように、「経営の目的＝経営理念」を明確にしない経営もあり得ないということです。研修やセミナーの中では、「経営の目的＝経営理念」イコール「右手」だと受講生の皆さんに意識付けしています。

図表１－１－１　経営の目的を右手に握りしめて邁進せよ！

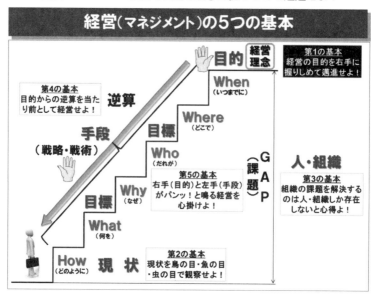

　次頁の図表１－１－２は、第１の基本を理解し実践するポイントをまとめたチェックリストです。まず自己診断してみてください。

図表１－１－２　チェックリスト（経営の目的を右手に握りしめて邁進せよ！）

	第１の基本：チェックリスト	チェック欄 （５段階評価）	評価の理由
1	・私は、社内の誰よりも将来のあるべき姿を真剣に考え、その具現化のために努力を重ねている。		
2	・私は、常に「何のために、誰のために、なぜ、この仕事をするのか？」という「目的」を確認しながら仕事を進めている。		
3	・私は、経営を進めるためには「経営理念」（企業理念・ミッション）は不可欠だと考えている。		
4	・私は、自社の「経営理念」を確立している。		
5	・私は、「経営理念」は作っただけでは十分ではなく、社員に浸透するように様々な工夫を行なっている。		

6	・私は、「経営理念」を社内に掲示し毎朝唱和していても、それで「経営理念」が社員に浸透しているとは考えていない。		
7	・私は、経営理念が組織に浸透するとは、経営理念の実現に向かって社員の思考と行動が変化することだと認識している。		
8	・私は、自らが「経営理念」の実践者であることを意識し、率先垂範を心掛けている。		
9	・私は、日頃「経営理念」に纏わる自らの経験や考えについて話し伝えることを意識している。		
10	・私は、部下に資料の作成をお願いする時、単に「こんな資料を作って欲しい」ではなく、「こういう目的で使うので、いつまでにこんな資料を作って欲しい」と必ず目的を明示してお願いしている。		
11	・私は、私的欲望(私利私欲・自己保身・好き嫌いなど)を極力抑え、公的欲望(お客様のため・社員のため・社会のためなど)を優先して考え判断するようにしている。		

(5:全くそう思う　4:そう思う　3:どちらともいえない　2:そう思わない　1:全くそう思わない)

　経営の目的は本来、経営理念（企業理念・ミッションなど）の中に凝縮されて表現されています。何のために、誰のために、なぜこの事業（仕事）を行うのか？その理由を明確にし、経営理念に示されなければなりません。この目的（経営理念）を達成するために全ての経営活動が存在しています。**常に自分の右手の中に目的（経営理念）を握りしめ、倦まず弛まずその実現に励むならば必ず目的を達成する日がやってきます。**

　これはエクセレントな経営を実現するための最も重要な要件といっても過言ではありません。経営の目的を明確にするということは、旅行に置き換えるならば、**旅行の目的地を決めることと同じです。**およそ旅行をする場合、目的地を決めずに旅行に出掛けることはありません。目的地を明確に決めるからこそ、目的地に行くまでの手段や方法を考えることが出来ます。経営も旅行と全く同じです。明確な目的があってこそ、その目的を達成するための手段や方法を考えることが可能になります。**経営の目的を明確にすることが経営にとって一番重要な要件**であることを、まず肝に銘じなければなりません。

　私は研修の中で、「経営の目的は私たちの「右手」に当たるのですよ。**右手の**

中に、しっかりと経営の目的（経営理念）を握りしめて、常に忘れることなく仕事に取組むことを意識しましょう！」

　と、私たちの身体に置き換えて意識付けを行っています。それでは、チェックリストについてさらに深く確認していきたいと思います。

（1）経営理念の「確立」

<u>チェックリスト1～4</u>
- 私は、社内の誰よりも将来のあるべき姿を真剣に考え、その具現化のために努力を重ねている。
- 私は、常に「何のために、誰のために、なぜ、この仕事をするのか？」という「目的」を確認しながら仕事を進めている。
- 私は、経営を進めるためには「経営理念」（企業理念・ミッション）は不可欠だと考えている。
- 私は、自社の「経営理念」を確立している。

　これらは、「経営理念」を確立するまでの確認事項です。会社の将来を考え、会社が存在する目的を明確にし、会社の方向性を定めるためには、「経営理念」の確立が不可欠だと腹の底から認識しなければ、軸のぶれない正しい「経営理念」を確立することはできません。

　松下幸之助は、この第1の基本を著書の中で次のように説いています。
<まず経営理念を確立すること>

　　私は六十年にわたって事業経営に携わってきた。そして、その体験を通じて感じるのは経営理念というものの大切さである。いいかえれば"この会社は何のために存在しているのか""この経営をどういう目的で、またどのようなやり方で行っていくのか"という点について、しっかりとした基本の考え方をもつということである。

　　事業経営においては、たとえば技術力も大事、販売力も大事、資金力も大事、また人も大事といったように大事なものは個々にはいろいろあるが、いちばん根本になるのは、正しい経営理念である。それが根底にあってこそ、

人も技術もはじめて真に生かされてくるし、また一面それらはそうした正しい経営理念のあるところから生まれてきやすいともいえる。

 だから経営の健全な発展を生むためには、まずこの経営理念をもつということから始めなくてはならない。そういうことを私は自分の60年の体験を通じて、身をもって実感してきているのである。

＜企業は社会の公器＞

 一般に、企業の目的は利益の追求にあると言われる。たしかに利益は健全な事業経営を行う上で欠かすことができない。しかし、それ自体が究極の目的かというと、そうではない。根本はその事業を通じて共同生活の向上をはかることであって、その根本の使命を遂行していく上で利益が大切になってくるのである。

 そういう意味で、事業経営は本質的には私の事ではなく、公事であり、企業は社会の公器なのである。だから、たとえ個人企業であろうと、私の立場で考えるのでなく、常に共同生活にプラスになるかマイナスになるかという観点から考え、判断しなければならないと思う。

（出典：『実践経営哲学』）

 幸之助は、「企業は社会の公器」であるとの観点から経営理念を考えなければ、「正しい経営理念」の確立には至らない、と指摘していることを肝に銘じなければなりません。

（2）経営理念の「浸透」

<u>チェックリスト5～7</u>
・私は、「経営理念」は作っただけでは十分ではなく、社員に浸透するように様々な工夫を行なっている。
・私は、「経営理念」を社内に掲示し毎朝唱和していても、それで「経営理念」が社員に浸透しているとは考えていない。
・私は、経営理念が組織に浸透するとは、経営理念の実現に向かって社員の思考と行動が変化することだと認識している。

これらは、「経営理念の浸透」についての確認事項です。

「経営理念」は、確立してからがスタートです。確立してからが勝負です。しかし、「経営理念」を作ってしまえば、それで終わりだと考えている経営者が大半で、「経営理念」の本当の使い方や活かし方を知っている経営者は極めて少ないのが現状です。

「経営理念」を確立し、社内に浸透させることは決して容易なことではありません。「浸透」するということは、言葉を変えれば「社員の思考と行動が変化する」ということです。社内に遍く浸透すれば、社員一人ひとりの思考と行動が「経営理念」の実現に向かって動き出し、従業員満足（ES：Employee Satisfaction）や顧客満足（CS：Customer Satisfaction）を向上させ、ひいては社会満足（SS：Social Satisfaction）につながっていきます。

しかし、**多くの企業で見られる姿は、経営理念は定められているのですが、社内に浸透していない姿**です。毎日の朝会や昼会では唱和され、会議室や廊下には額に入れられた経営理念が掲示されています。こうした形だけを整えれば、社内に浸透していると勘違いしている経営者が数多く存在しています。朝会や昼会では毎日のルーチーンとして唱和しているだけで、社員の思考と行動を変えるものにはなっていません。こうした姿を、「**朝礼唱和経営理念**」と呼びます。

また、会議室や廊下に掲示された経営理念は、やがて風景の一部と化し、何のインパクトも与えない存在へと風化していきます。このような経営理念を「**額縁経営理念**」と呼んでいます。こうした状況を変えるのは、やはり**経営トップの本気度**しかありません。

（3）経営トップの本気度・率先垂範度

<u>チェックリスト8〜11</u>
- 私は、自らが「経営理念」の実践者であることを意識し、率先垂範を心掛けている。
- 私は、日頃「経営理念」に纏わる自らの経験や考えについて話し伝えることを意識している。
- 私は、部下に資料の作成をお願いする時、単に「こんな資料を作って欲しい」ではなく、「こういう目的で使うので、いつまでにこんな資料を作っ

て欲しい」と必ず目的を明示してお願いしている。
・私は、私的欲望（私利私欲・自己保身・好き嫌いなど）を極力抑え、公的欲望（お客様のため・社員のため・社会のためなど）を優先して考え判断するようにしている。

　これらは、経営者自身の本気度・率先垂範度を確認する項目です。
　「経営理念」が浸透するか否かは、全ては**経営者の本気度・率先垂範度**に掛かっています。
　まず、**経営者が「経営理念」の実践者**でなければなりません。そして、「経営理念」が浸透するまで、何十回でも何百回でも、事あるごとに**「伝わるまで伝える」伝道師**でなければなりません。経営理念の実践を通じての様々な成功体験や失敗体験などのエピソードを惜しみなく**自らの言葉で熱く語ることが大切**です。
　しかし、多くの企業で見られる姿は、月に一度の全社集会などでの冒頭に経営トップが経営理念の唱和はするもののそれだけで終わってしまい、すぐに先月の売上や利益の結果報告に移って行ってしまいます。残念ながら、経営理念に纏わる自らのエピソード（成功談や失敗談など）が語られることはありません。なぜなら常日頃、**経営理念を意識して活動や行動をしていないため、エピソードとして語るべきものを何も持ち合わせていない**からです。これが「経営理念の形骸化」を生んでいってしまうのです。
　経営理念の浸透とは、経営理念を唱和し会議室や廊下に掲げることではありません。社員の思考と行動を変えることです。そのためには、**経営トップの本気度**が問われます。社員は、経営トップの本気度を見ています。また、「**何を言うかよりも誰が言うか**」が大切なのです。
　経営トップが、常に「経営理念」に照らし合わせて何が正しいのかを判断し、**私的欲望**（私利私欲・自己保身・好き嫌いなど）**を最小限に抑制し、公的欲望**（お客様のため・社員のため・社会のためなど）**を最大化するよう考え行動**しなければなりません。それだけの覚悟と具体的な行動があってこそ、社員は経営トップの本気度を理解し、社員の思考と行動を変える力になっていくのです。

〜自己観照〜

　組織の中では、新人の時には上司を始め周囲の様々な人から注意を受けたりアドバイスをもらう機会があります。しかし、肩書が重たくなってくればくるほど、そうした人は少なくなり、最後にはいなくなってしまいます。その時に大切なことは、**自分で自分を客観的に観察する目を持つこと**です。こうした目を自分の中に持たないと、やがて本人が気付かないうちに裸の王様になっていってしまいます。

　経営の神様とまで称された幸之助が、裸の王様にならなかったのはなぜでしょうか。幸之助の次の文章を紹介しましょう。

＜自己観照＞

　自省の強い人は、自分というものをよく知っている。つまり、自分で自分をよく見つめているのである。私はこれを"自己観照"と呼んでいるけれども、自分の心を一ぺん自分の身体から取り出して、外からもう一度自分を見直してみる。これができる人には、自分というものが素直に私心なく理解できるわけである。

　こういう人には、あやまちが非常に少ない。自分にどれほどの力があるか、自分はどれほどのことができるか、自分の適性は何か、自分の欠点はどういうところにあるのか、というようなことが、ごく自然に、何ものにもとらわれることなく見出されてくるからである。

（出典：『その心意気やよし』）

2．今、置かれている状況を把握する
〜正しく認識するため多くの視点を持つ〜

　第2の基本は、「**現状を鳥の目・魚の目・虫の目で観察せよ！**」ということです。企業が存在する市場において、日々市場がどのように変化し、自社がどのような競合他社を相手にして戦っているのか？こうしたことを的確に理解しなければなりません。

旅行に例えるならば、今自分たちがどこにいるのか？「現在地」を正しく認識しなければなりません。正しく認識するためには、多くの視点が必要です。鳥の目で全体像を掴み、魚の目で時代の潮流を読み、虫の目で現場の鼓動を感じ取る。こうした多くの視点が不可欠です。

　そうすると、「経営の目的＝経営理念」と「現状」の間に"GAP"があることが分かります。この"GAP"は、組織で言えば内在する"課題"ということになります。旅行に例えるならば、「目的地」と「現在地」の間にある**「物理的な隔たり・距離」**ということです。

　では、この"GAP"や"課題"は何が解決するのでしょうか？それが次の第3の基本に繋がっていくのです。

図表1－2　現状を鳥の目・魚の目・虫の目で観察せよ！

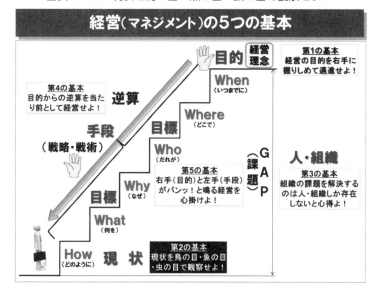

図表1−2−1　チェックリスト（現状を鳥の目・魚の目・虫の目で観察せよ！）

	第2の基本：チェックリスト	チェック欄 （5段階評価）	評価の理由
1	・私は、自社や自部門の状況を、鳥瞰的な視点から把握するように努力している。（鳥の目）		
2	・私は、時代の流れやトレンドを常に敏感に感じ取れるように努力している。（魚の目）		
3	・私は、常に「三現主義（現場・現物・現実）」に立ち、地に足を着けて課題を把握するよう努力している。（虫の目）		
4	・私は、自社や自部門の状況を、冷静に正しく客観的に把握するために必要な情報を入手する情報網やネットワークを構築している。		
5	・私は、現状を正しく冷静に客観的に把握するためには、過去の「数字」で判断することは危険であることを知っている。		
6	・私は、現状を正しく冷静に客観的に把握するためには、「定量的情報」（数字になった情報）と「定性的情報」（職場の雰囲気や社員のやる気など）の両方の視点から見ることが重要だと認識している。		
7	・私は、現状を正しく冷静に客観的に把握するためには、偏見や色眼鏡で見ることを排除し「素直な心」で見ることが大切だと認識している。		
8	・私は、自社や自部門が置かれている状況を分析し、その結果を元に戦略に結び付ける手法（SWOT分析など）を知っている。		
9	・私は、自社や自部門の置かれている状況を分析し、その情報をできるだけ社員と共有するよう努力している。		
10	・私は、自社や自部門が置かれている現状を適時適確に社員に伝え、組織に健全な危機感を醸成するよう心掛けている。		

（5：全くそう思う　4：そう思う　3：どちらともいえない　2：そう思わない　1：全くそう思わない）

　本書の「はじめに」にも既述した通り、今、時代は「**VUCA**」**の時代**と呼ばれています。この言葉が広く認識されるきっかけとなったのは、2016年に開催された「世界経済フォーラム（ダボス会議）」です。ダボス会議で、「VUCAワールド」という言葉が使われ、「今はVUCAの時代だ」と銘打ったところから世界的な共通認識となりました。

　その上に、コロナ禍のパンデミックが加わり、さらにはロシアのウクライナ侵

攻、イスラエルとパレスチナとの紛争といった地政学リスクは、先行きが不透明で、将来の予測が困難な状態を加速させ、**既存の価値観やビジネスモデルが全く通用しない時代**になってきました。こうした時代だからこそ、**一層多様な視点を持って現代を生き抜く目を磨かなければなりません。**

（1） 3つの目（鳥の目・魚の目・虫の目）の重要性

<u>チェックリスト1～3</u>
- 私は、自社や自部門の状況を、鳥瞰的な視点から把握するように努力している。（鳥の目）
- 私は、時代の流れやトレンドを常に敏感に感じ取れるように努力している。（魚の目）
- 私は、常に「三現主義（現場・現物・現実）」に立ち、地に足を着けて課題を把握するよう努力している。（虫の目）

これらは、現状を3つの目（鳥の目・魚の目・虫の目）から認識することの重要性を確認する項目です。まず、3つの目がそれぞれ何を意味するのかについては以下のとおりです。

＜現状認識に重要な3つの目＞
①鳥の目
　大所高所から物事全体を捉え、大局的に把握する目。仕事や経営を全体最適視点で円滑に進めるために極めて大切な目。
②魚の目
　時代の流れを見極める目。時代の変化を見逃さず、変化をビジネスチャンスとして掴み取るために不可欠な目。
③虫の目
　現場・現物・現実の「三現主義」で市場や顧客を細部から見つめ直す目。市場や顧客と直接コミュニケーションを取ることで、自社のビジネスを見直すために大変重要な目。

しかし現実は、現状を局部的・主観的・表面的・近視眼的に、また好き嫌いや損得などで捉えている経営者や経営幹部が多く、これでは現状の正しい理解には繋がりません。経営を正しく導いていくためには、**多角的・複眼的な視点から現状を観察し、正しく・客観的に・冷静に時代を掴み取ることが不可欠**です。

　そのためには、**素直な心になることが大切**だと、幸之助は説いています。
＜素直な心になること＞
　経営者が経営を進めていく上での心がまえとして大切なことはいろいろあるが、いちばん根本になるものとして、私自身が考え、努めているのは素直な心ということである。素直な心を欠いた経営は決して長きにわたって発展していくことはできない。
　素直な心とは、いいかえれば、とらわれない心である。自分の利害とか感情、知識や先入観などにとらわれずに、物事をありのままに見ようとする心である。人間は心にとらわれがあると、物事をありのままに見ることができない。（中略）素直な心は、色やゆがみのないレンズでものを見るようなもので、白いものは白く、まっすぐなものはまっすぐに、あるがままを見ることのできる心である。だから真実の姿、物事の実相を知ることができる。そういう心でものを見、事を行なっていけば、どういう場合でも、比較的過ちの少ない姿でやっていくことができる。

（出典：『実践経営哲学』）

(2) 情報の収集ネットワーク・情報の種類・情報の見方の重要性

チェックリスト4～7
・私は、自社や自部門の状況を、冷静に正しく客観的に把握するために必要な情報を入手する情報網やネットワークを構築している。
・私は、現状を正しく冷静に客観的に把握するためには、過去の「数字」で判断することは危険であることを知っている。
・私は、現状を正しく冷静に客観的に把握するためには、「定量的情報」（数字になった情報）と「定性的情報」（職場の雰囲気や社員のやる気など）の両方の視点から見ることが　重要だと認識している。

これらは、良質な情報を入手するネットワークを持つ重要性、収集すべき情報の種類、また情報との向き合い方を確認する項目です。

　ネット社会の中で生きるわれわれ現代人は、玉石混交の情報が入り乱れた中に存在しています。そうした中で、良質な情報を収集するのは決して容易なことではありません。そのためには、日頃から良質な情報を収集できる団体やセミナーに参加するなど、**人的・物理的ネットワークを構築しておく必要**があります。

　また、情報の種類は大きく分けて次の3つに分類されます。

　＜情報の種類＞
① 　1次情報：自らが直接集めて得た情報
② 　2次情報：人や書籍、Web情報など間接的に得た情報
③ 　3次情報：情報源が定かではない情報

　この中で**一番重視しなければならないのは1次情報**です。自らの五感を通して掴んだ生の情報は正しい理解と判断を行うためには不可欠です。従って、「現場・現物・現実」を意味する「虫の目」はどんな時にも有効な情報を収集する手段となります。

　しかし、**多くの企業や組織で見られるのは、2次情報を中心に議論されている姿**です。組織が大きくなればなるほどその傾向は強くなり、現場を見ぬまま知らぬまま、「現場・現実・現物」から離れたリアリティのない「**机上の空論**」が空回りしますが、それに疑問が呈されることもなく議論は終結されてしまいます。こうした「**予定調和**」的な議論からは何のイノベーションも変革の機運も生まれようがありません。

　また、過去の数字や定量的情報だけを見て、現状が把握できたと誤解してしまう経営者や経営幹部もたくさんいます。**過去の数字は生きた数字ではなく既に死んだ数字**です。

　定量的情報は文字やグラフなどに視覚化されて分かり易いのですが、現状の一部しか表わしていません。私は、**定量的情報以上に定性的情報が重要**だと感じて

います。定性的情報は、やはり「現場・現実・現物」を観察して五感で感じ取るものです。幸之助は「経営の基礎は人」と説いていますが、経営のど真ん中に存在するのが人です。現場に足を踏み入れて、人が醸し出す雰囲気や息吹・熱量を五感で感じ取らなければ地に足を着いた正しい経営はできないと肝に銘じなければなりません。

幸之助は、正しい情報を収集するために「衆知を集める」ことにこだわった経営者ですが、次のように語っています。

＜衆知を集める＞
　会社の経営はやはり衆知によらなければいけません。何といっても、全員が経営に思いをいたさなければ、決してその会社はうまくいかないと思うのです。社長がいかに鋭い、卓抜な手腕、力量を持っていたとしても、多くの人の意見を聞かずして、自分一人だけの裁断で事を決することは、会社の経営を過つもとだと思います。
　世間一般では、非常にすぐれた一人の人がワンマンで経営すれば、事がうまくいくということをよく言われますが、社長一人で事を遂行することはできませんし、たとえできても、それは失敗に終わるだろうと思います。やはり全員の総意によって、いかになすべきかを考えねばならないと思うのです。

(出典：『わが経営を語る』)

幸之助はたくさんの口癖を持つ人物でしたが、その一つが「君、どう思う？」でした。自分が演台に立って話をした後でも、人前で話をした後でも、あらゆる場で社員の意見を真剣に聴きました。常日頃、何十、何百、何千人もの社員の声を聴く中で、幸之助は次期の経営戦略や戦術の構想を組み上げていく経営者でした。「机上の空論」ではなく、徹底して「現場・現実・現物」を重視し、地に足を着いた経営を志向した経営者でした。わずか9歳で大阪船場の丁稚奉公の世界に足を踏み入れた幸之助の目の前にあったのは、正に「現場・現物・現実」であり、空虚な議論をする場も時間もありませんでした。それが、幸之助のこうした経営スタイルに繋がっていったのだと思います。

（3）情報の分析→共有→健全な危機感醸成、の重要性

チェックリスト8～10
- 私は、自社や自部門が置かれている状況を分析し、その結果を元に戦略に結び付ける手法（SWOT分析など）を知っている。
- 私は、自社や自部門の置かれている状況を分析し、その情報をできるだけ社員と共有するよう努力している。
- 私は、自社や自部門が置かれている現状を適時適確に社員に伝え、組織に健全な危機感を醸成するよう心掛けている。

これらは、収集した情報をどう扱うべきかという確認項目です。

収集した情報を分析して、今後の戦略策定にまで活用できるようになれば組織の力はかなり高いレベルにあると判断できます。しかし、ほとんどの組織はその力を持たず、情報は次第に陳腐化していきます。なぜなら、**情報を料理する知識やスキル（SWOT分析など）を組織として有していないため、そうならざるを得ないのが実情**です。それを補うために、外部のコンサルタント会社に外部委託して分厚い報告書を手に入れる会社も多くあります。その費用は数百万円から数千万円に上りますが、コンサルタント会社は報告書を作成して提出するまでが仕事ですので、それから先のことには責任を持ちません。分厚い報告書からいかに地に足を付けた実行可能な戦術に落とし込んでいくか。その作業は報告書を受け取った企業側の責任ですが、結局上手く落とし込めず、途中で頓挫してしまうケースがほとんどです。

こうした現状を踏まえると、やはり人財の重要性を痛感せざるを得ません。また**自社や自部門の分析から得た情報は、できるだけ社員と共有することが重要**です。

松下幸之助は、「ガラス張り経営」の重要性を次のように説いています。

＜ガラス張り経営＞

私はいわば"ガラス張り経営"とでもいうか、経営なり仕事のありのままの姿を従業員に知ってもらうという方針でやってきた。それによって全員が経営しているのだという意識がごく自然に生まれ、自分の自主的な責任にお

いて仕事をしていくという好ましい気風ができてきたように思う。また、人もおのずと育つということにもなった。

　そういうことを考えてみると、やはり従業員に対してはその時どきの方針はもちろん、経営の実態についても、できるだけ秘密を少なくして、いいことにせよ、悪いことにせよ、いろいろ知らせるようにしていくことが望ましいし、大切なことだと思う。

(出典：『人事万華鏡』)

　企業における様々な情報は、経営幹部層と社員の間に、質量ともに**情報の格差**が生じます。この格差が大きければ大きいほど、経営幹部が主、社員は従の関係性が強くなっていきます。

　しかし幸之助が目指した経営は「衆知を集めた全員経営」ですから、社員は従ではなく、仕事の主体者・主役・主人公であるという意識を植え付けることが重要だと考えていました。そこから「ガラス張り経営」という発想も生まれてきたと思われます。

　情報の格差を少なくすることは、組織に健全な危機感を醸成することにも繋がります。組織にいたずらな危機感を煽ることは禁物ですが、健全な危機感を醸成することは極めて大切です。そのためには、良い情報も悪い情報も格差を出来るだけ少なくして全階層が共通の情報を共有していることが健全な危機感の醸成に繋がっていきます。

　しかし、良い情報はすぐに伝わりますが、悪い情報になると極端に伝わる速度が遅くなります。時には、伝わらずに葬り去られてしまうことさえあります。組織とは難しいもので、上司も人間ですからいいことを聞けば喜ぶが、悪いことを聞けば機嫌も悪くなりがちです。従って、部下は勝手な忖度をして、良い話しか上げなくなり、悪い情報は伝えなくなっていきます。

　筆者は現役時代、組織の長として「バッドニュース・ファースト」を組織の中に徹底してきました。「バッドニュース」そのものは良いことではありません。放っておけば、益々大きな「バッドニュース」に増幅し、多大なご迷惑をお客様や社会に及ぼす危険性があります。しかし、「バッドニュース・ファースト」に徹して、迅速に的確な処置を行なえば、お客様や社会に対するダメージを最小限

に抑えることができ、結果的にCS（お客様満足）やSS（社会的満足）を向上させることに繋がっていくことがあります。上に立つ者には「バッドニュース」の報告を受け入れる度量が不可欠です。むしろ、「報告してくれてありがとう」という態度で受け入れ、対応策を考えなければなりません。そういう意味でも、上司には胆力が求められます。

　トヨタ自動車の現場には、「人を責めるな、仕組みを責めろ」という原則が隅々にまで浸透しています。「バッドニュース・ファースト」を組織に根付かせるためには、**当事者を責めるのではなく、問題を引き起こした原因にフォーカスする風土を組織の中に醸成していかなければなりません**。

　進化論を唱えたダーウィンは、次の名言を残しています。
　　最も強いものが、あるいは最も知的なものが、生き残るわけではない。最も変化に対応できるものが生き残る

　VUCAの時代に生きる現代企業が環境変化に機敏に対応するには、**いかに健全な危機感を保ち、現場で日々生じている課題に向き合い、ベクトルを合わせて的確に対応できるか、それが企業や組織の生死のカギを握る**といっても過言ではありません。

3．人・組織が経営課題を解決する
〜全ては人の育成次第〜

　第3の基本は、「組織の課題を解決するのは人・組織しか存在しないと心得よ！」ということです。「人」が2人以上集まれば「組織」という定義になりますが、いずれにしても、「人・組織」の他にこの"GAP""課題"を解決するものは存在しません。この事実を、しっかり認識することが重要ですが、「人よりカネを追いかける」ことに熱心な経営者（経営幹部）は、この事実を十分に理解していません。

　では、「人・組織」はどのようにして"GAP""課題"を解決するのでしょうか？これが第4の基本に繋がっていきます。

図表１－３　内在する課題を解決するのは人・組織しか存在しないと心得よ！

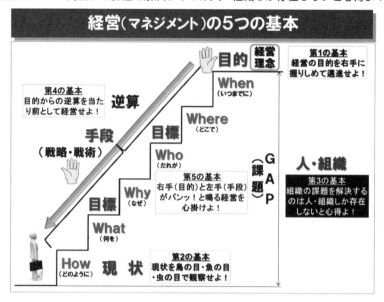

　経営の目的（経営理念＝右手）と現状との乖離がGAPとなりますが、このGAPはその組織に内在する課題を意味します。このGAP（＝課題）を解決するものは何か？それは、人と組織です。人が２人以上集まれば組織という定義になりますが、**人と組織しかこの課題を解決するものは存在しません。**

　五大経営資源は、ヒト・モノ・カネ・情報・時間と言われます。筆者は、研修やセミナーの中で受講者に、「５大経営資源の中で、最も重要な経営資源はどれですか？」という質問をすることがありますが、ほとんどの受講生が「ヒト」に手を上げます。

　図表１－３－１に示すように、５大経営資源はその５つが並列に並ぶものではなく、「ヒト」が主語であり、主人公です。「ヒト」が他の経営資源を使って価値を増大させていくのです。「ヒト」がしっかりと育成されれば、経営資源の**最小のインプットで最大のアウトプット**（成果・業績）を獲得することができますが、「ヒト」が育成されていなければ、**最大のインプットで最小のアウトプット**しか手に入れることができません。全ては「ヒト」の育成次第ということになります。

しかし、「ヒト」がこれほど重要な経営資源にもかかわらず、この重要性に気付いている経営者や経営幹部は相対的に少なく、「ヒト」を軽視し「カネ」（売上や利益）を重視して経営する傾向が非常に強い現状にあります。すなわち、「形而上」"不易"よりも、「形而下」"流行"を重視する姿が、こうしたところにも表れています。

図表1-3-1　5大経営資源

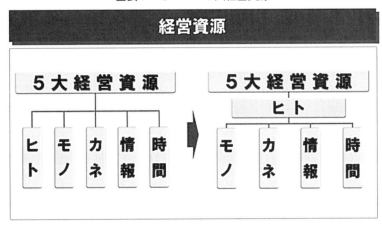

(1) 幸之助の人間観
　松下幸之助は、著書の中で次のように説いています。
＜人間観をもつこと＞
　　経営は人間が行うものである。経営の衝にあたる経営者自身も人間であるし、従業員も人間、顧客やあらゆる関係先もすべて人間である。つまり、経営というものは、人間が相寄って、人間の幸せのために行う活動だといえる。
　　したがって、その経営を適切に行なっていくためには、人間とはいかなるものか、どういう特質をもっているのかということを正しく把握しなくてはならない。いいかえれば、人間観をもたなくてはならないということである。だから、正しい経営理念というものはそういう人間観に立脚したものでなくてはならないといえる。
　　そのことは単に企業経営だけでなく、人生経営、国家経営などあらゆる経

営、さらにはおよそ人間が行ういっさいの活動についていえることである。

　私自身の経営理念の根底にも、私なりの人間観というものがある。それは一言にしていえば、人間は万物の王者ともいうべき偉大にして崇高な存在であるということである。生成発展という自然の理法に従って、人間みずからを生かし、また万物を活用しつつ、共同生活を限りなく発展させていくことができる。そういう天与の本質をもっているのが人間だと考えるのである。

（出典：前掲と同じ）

　図表1－3－2は幸之助の人間観がどのような背景から生まれてきたのかを表わした図です。

　その原点は宇宙の原則というところにまで遡ります。幸之助はそれを「**自然の理法**」という言葉で表現しています。幸之助は、目には見えない大いなる力を持った宇宙・自然の理法の周りを人間や人間が相集まって経営する会社はグルグルと回っていると考えていました。太陽系で言えば、太陽の周りを公転する地球のような存在に似ています。

図表1－3－2　松下幸之助の人間観

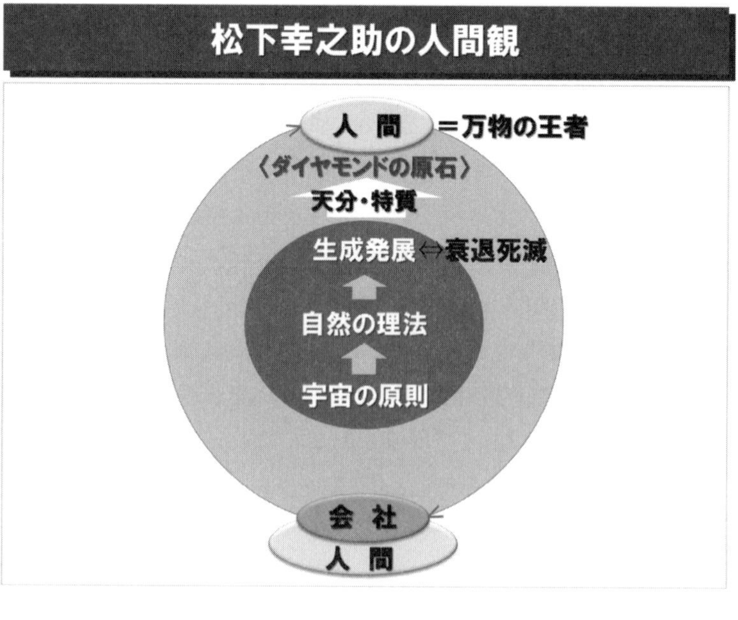

松下幸之助の人間観

- 人間 ＝ 万物の王者
- 〈ダイヤモンドの原石〉
- 天分・特質
- 生成発展 ⇔ 衰退死滅
- ↑
- 自然の理法
- ↑
- 宇宙の原則

会社
人間

幸之助は、「自然の理法に則った経営こそ王道だ」と考えていました。既述しましたが、経営には「王道の経営」「覇道の経営」「邪道の経営」の３つがあります。「王道の経営」は、正義・大道の経営、人間主義の経営。「覇道の経営」は、権力の経営、金が主役の経営。「邪道の経営」は、邪な経営、法律を破る経営です。

　幸之助は、「自然の理法」は「限りなく生成発展するもの」、決して衰退死滅するものではないと考えていました。その「自然の理法」が、人間に対して誰一人例外なく与えたものが「天分・特質」です。それは、「ダイヤモンドの原石」のような価値を持つとしています。「ダイヤモンドの原石」は、磨けば磨くほど輝きを増し、価値を増すもの。人間も同様に、磨けば磨くほど、鍛えれば鍛えるほど輝きを増し価値を増すものだと考えていました。幸之助は、**人間に限りない可能性を見出した経営者**だと言えます。こうしたことから、幸之助の人間観を一言で表わすならば「肯定的人間観」あるいは「性善説に立った人間観」、さらに言えば「性偉説に立った人間観」ということになります。

　また幸之助は、人間を「万物の王者」と表現しています。それはなぜか？人間は、自分が持っている力を100％以上発揮させる力を持っている。また人間は、自分の回りにいる人間や動物・植物など、ありとあらゆるものの力を100％以上発揮させることができる存在であり、こうしたことができるのは人間を置いて他にない。だから人間は「万物の王者」であると説いています。こうしたことからも、幸之助は人間に対して極めて「肯定的な人間観」を持っていたことが分かります。

　そのような人間観を持つ幸之助が、どのように人を育て導いていったのか？そのポイントをこれから確認していきたいと思います。図表１－３－３は、第３の基本：<u>内在する課題を解決するのは人・組織しか存在しないと心得よ！</u>のチェックリストです。

図表１－３－３　チェックリスト
（内在する課題を解決するのは人・組織しか存在しないと心得よ！）

	第3の基本：チェックリスト	チェック欄 （5段階評価）	評価の理由
1	・私は、しっかりとした人財育成を行うためには、その前提として「経営理念」が確立していることが不可欠であることを理解している。		
2	・私は、5大経営資源（人・モノ・カネ・情報・時間）の中で、人が最も大切な資源だと考えている。		
3	・私は、経営を進める中で「人財育成」が最も重要な仕事であることを認識している。		
4	・私は、自社や自部門が抱える課題を解決するのは、「人と組織」であることを理解している。		
5	・私は、「人と組織」が力を発揮するのは、社員への指示・命令ではなく、社員の自主性・主体性、内発的動機が発揮される時であることを知っている。		
6	・私は、部下とコミュニケーションを取る時、どんな話であっても話の腰を折らず、相手の目を見て最後まで真剣に聴くことを心掛けている。		
7	・私は、部下とコミュニケーションを取る時、まず相手の言うことを受け入れ、承認することの大切さを理解している。		
8	・私は、考える人財をつくるために、部下に考えさせる質問を与え、部下自らが答えを見出すまで根気よく待つことを心がけている。		
9	・私は、部下に対して「褒める」ことと「叱る」ことのバランスを考えながら接している。		
10	・私は、部下を「叱った」時には、決して叱りっ放しにせず、必ずフォローを入れることを心掛けている。		

（5：全くそう思う　4：そう思う　3：どちらともいえない　2：そう思わない　1：全くそう思わない）

（2）人財育成の前に「経営理念」の確立を！

チェックリスト1

・私は、しっかりとした人財育成を行うためには、その前提として「経営理念」が確立していることが不可欠であることを理解している。

これは、経営理念と人財育成の関係を確認する項目です。

幸之助に44年間仕え薫陶を受けた木野親之氏は、直接学んだことの一つとして著書の中で、次のように記しています。

<経営の三大要諦>
① 絶対条件：経営理念を確立すること。これができれば、経営は50％成功する。
② 必要条件：一人ひとりの能力を最大限に生かす環境をつくること。これができれば80％成功する。
③ 付帯条件：戦略戦術を駆使すること。これを満たせば、100％成功する。

(出典：『松下幸之助に学ぶ 指導者の一念』)

上記の必要条件（一人ひとりの能力を最大限に生かす環境をつくること）は、人財育成の重要性を示しています。すなわち幸之助は、必要条件（人財育成）の前提として、絶対条件（経営理念の確立）を整えることを求めています。**経営理念が確立できていなければ、いきおいどのような人財を採用し、何を拠り所として、どのような方向に育ててよいのか分からなくなってしまいます。**

「経営（マネジメント）の5つの基本」の第1を「経営の目的を右手に握りしめて邁進せよ！」と定めたのも、こうした理由からであることを理解いただきたいと思います。

(3) 人と人財育成が経営の最重要事項

<u>チェックリスト2～5</u>
・私は、5大経営資源（人・モノ・カネ・情報・時間）の中で、人が最も大切な資源だと考えている。
・私は、経営を進める中で「人財育成」が最も重要な仕事であることを認識している。
・私は、自社や自部門が抱える課題を解決するのは、「人と組織」であることを理解している。

・私は、「人と組織」が力を発揮するのは、社員への指示・命令ではなく、社員の自主性・主体性、内発的動機が発揮される時であることを知っている。

　これらは、人と人財育成の重要性をどのように理解しているかについての確認項目です。

　必要条件にあるように、人財を育てるということは、「一人ひとりの能力を最大限に生かすこと」です。言い換えれば、**自分が持っている能力に気付かせ、最大限に引き出してやること**と言ってよいでしょう。そうすれば、自ずと**自主性・主体性・内発的動機が生まれる風土が醸成**されていきます。

　上司が指示したことを忠実に確実に実行する部下を育てることが人財育成だと勘違いしている経営者や経営幹部が非常に多いのですが、それは大きな誤りです。なぜならそれは、上司が指示しなければ何も動かない部下を育てることに他ならないからです。

　私は研修の中で、このタイプの人財を「**機関車型人財**」と呼んでいます。なぜなら、機関車の動力は先頭車両にしかありません。先頭車両の釜戸に石炭を入れ、その蒸気の力で２両目以降の滑車を引っ張っていきます。２両目以降は何の動力も持たず、ただ引っ張られているにすぎません。

　人財育成とは、常に仕事の目的（経営理念）を認識し、その実現ために課題を見つけ出し（**課題抽出能力**）、その課題を解決する方法を自ら考え行動する力（**課題解決能力**）を備えた人財を育成することに他なりません。こうした人財を、研修の中で「**新幹線型人財**」と呼んでいます。なぜなら、新幹線は先頭車両はもちろんのこと、２両目以降の複数の車両にも動力を持っています。ここで言う「動力」とは何かというと「考える力」です。上司が指示しなくても、自ら考え課題を抽出し、自ら考え解決する力です。こうなれば、組織能力は格段に高まり、大きな成果を上げる状態へと変身して行きます。

(4) 人財育成の３つのポイントへの理解

<u>チェックリスト６〜８</u>
・私は、部下とコミュニケーションを取る時、どんな話であっても話の腰を

折らず、相手の目を見て最後まで真剣に聴くことを心掛けている。
・私は、部下とコミュニケーションを取る時、まず相手の言うことを受け入れ、承認することの大切さを理解している。
・私は、考える人財をつくるために、部下に考えさせる質問を与え、部下自らが答えを見い出すまで根気よく待つことを心がけている。

①人財育成の3つのポイント
　部下の力を引き出すために、幸之助が実践した人財育成3つのポイント、1）傾聴力、2）承認力、3）質問力、をご紹介します

1）傾聴力
　幸之助は、10の時間があれば7から8の時間は相手の話に熱心に耳を傾けた経営者でした。幸之助は、誰に対しても相手の目をよく見て、身体は前かがみ、話の一つひとつに相づちを打ちながら真摯に聴く姿勢を終生変えることなく貫いた経営者でした。
　コミュニケーションの基本動作には、話す・聞く・書く・読むなどがありますが、筆者は、この中で**最も重要な基本動作は聞くこと**だと考えています。それも聞くではなく「**聴く**」ことです。
　聞く：音や声が自然と耳に入るということ。
　聴く：理解しようと自ら進んで積極的に耳を傾けるということ。
　人間は、自分の話に真剣に耳を傾けてくれる人に親近感を覚え、信頼感を寄せていきます。
　幸之助が目指した経営の一つの姿が「衆知を集めた全員経営」でした。それを可能にしたのは、幸之助が終生貫いた「**傾聴力**」にあったと言っても過言ではないと思います。

幸之助は、著書の中で次のように語っています。
＜衆知を集めた経営＞
　会社の経営はやはり衆知によらなければいけません。何といっても、全員が経営に思いをいたさなければ、決してその会社はうまくいかないと思うの

です。社長がいかに鋭い、卓抜な手腕、力量を持っていたとしても、多くの人の意見を聞かずして、自分一人だけの裁断で事を決することは、会社の経営を過つもとだと思います。

　世間一般では、非常にすぐれた一人の人がワンマンで経営すれば、事がうまくいくということをよく言いますが、社長一人で事を遂行することはできませんし、たとえできても、それは失敗に終わるだろうと思います。やはり全員の総意によって、いかになすべきかを考えねばならないと思うのです。

（出典：『わが経営を語る』）

2）承認力
　幸之助は、人の話を傾聴しながら、時折、「君、かしこいなあ！」「君、よう考えたなあ！」「君、ええことに気付いたやないか！」「君の言うことはもっともや！」こうした言葉を次々と発していきました。これは、幸之助が人の話を聴くときの口癖でもあります。
　決して話の腰を折ることなく、相手の話を真剣に聴きながら、こうした相手を**承認する**口癖が自然と溢れ出てきます。話し手は、益々気分を良くして話を続けることになります。
　人間は誰しも、強烈な「**承認欲求**」を持っています。幸之助は、承認欲求を満たす術を長年の経験から知り抜いていた経営者だと思います。

・美点凝視
　幸之助の承認力を示す大きなポイントが「**美点凝視**」です。
　幸之助は、人を育てるに当たり、相手の短所・弱み・弱点を見てそこを強化しようとしたかというと、そこには手を付けません。なぜなら、弱い所を強くしても所詮大したことには繋がらないと考えていたからです。
　そうではなく、相手の強み・長所・美点に着目して、その美点が持つ力をさらに引き出してやろうと努力しました。そうすると、やがて美点が弱点を覆い隠してしまい、弱点が全く気にならなくなってしまうからだと考えたのです。そうすることにより、社員のモチベーションは上がり、社員の自信につながり、自主性・主体性・内発的動機を醸成していくことに繋がっていっ

たのです。

・結果よりもプロセス重視
　部下を承認し、褒め、育てるためには、結果だけを見ていてはいけません。人は、結果だけを見て評価されることを嫌います。人は、自分が成長した度合いを評価されることを好みます。成長の度合いを評価するためには、結果ではなく成長の「プロセス」を注意深く観察することが不可欠です。上司や親が、「そこまで見てくれているんだ！」という感覚が、部下や子供に**安心感を与え、互いの信頼感に繋がっていきます。**

3）質問力
　幸之助は質問魔でもありました。「君、どう思う？」これも幸之助の口癖です。そして相手がその質問に答えられなくても、幸之助の方からその答えを教えることはありません。次回までの宿題として持ち帰らせ、次回にその報告を聴くのです。その場で答えを言ってしまえば、それで済んでしまうのですが、それでは人は育ちません。**人財育成とは、考える社員をつくることです。**そのためには**根気と時間が不可欠**であることを、幸之助は知り抜いていた経営者だったといえるでしょう。

②コーチングスキル
　幸之助のこうした人財育成の3つのポイントから想起するのが、「コーチングスキル」です。コーチングスキルにも、やはり人財育成同様　1）傾聴　2）承認　3）質問、の3つのポイントがあります。
　幸之助は、コーチングスキルの手ほどきを受けた経験はありませんが、幸之助の上記のような姿を見れば、正に幸之助はコーチングスキルの名人・達人と言っても決して過言ではないと思います。

③ティーチングとコーチング
　研修やセミナーの中で、よくティーチングとコーチングの違いについて質問されることがあります。整理すると次のようになります。

第Ⅰ章　経営（マネジメント）の5つの基本を理解する

・ティーチング

　答えは先生や上司・親が持っている。生徒や部下・子供がその答えを理解し納得するまで教える。彼らがあるレベルまで成長するまでは、ティーチングが必要。

・コーチング

　答えは生徒や部下・子供が持っている。その答えに気付かせるために、先生や上司・親が助言やサポートを行う。彼らがあるレベルまで成長した後は、コーチングを軸にティーチングとのバランスを考えながら成長を促していく。

　筆者は、研修やセミナーの中で、受講生にコーチングスキルに関する研修を受講したことがあるか否かを質問することがあります。この時、ほとんどの場合、何人かの手が上がります。手が上がった受講生に、そのスキルを日常の業務の中で実際に使っているか否かを質問すると、残念ながらほとんどの受講生の手は上がりません。せっかく時間と費用を費やして受講しても、受講しただけで終わらせてしまう人が圧倒的に多いのが実状です。読者の皆さんはいかがでしょうか？

④知識・見識・肚識

　このような時、筆者は次のように伝えています。

　「受講したスキルや知識を、日常の業務の中で実際に使ってみて、その中から成功体験を得ることによって、初めてそのスキルや知識が腹に落ち、自らの血肉となって成長に繋がっていきます。ただ知っているだけでは**知識**、学んだ知識を実生活で役立てるのが**見識**、得た見識を元に正しく判断し実行できるのが**肚識**です。是非、知識で終わらせず、見識・肚識へと学びを深め、自らの成長を促して欲しいと思います」

（2）叱ることの大切さと叱り方への理解

<u>チェックリスト9～10</u>
・私は、部下に対して「褒める」ことと「叱る」ことのバランスを考えながら接している。

・私は、部下を「叱った」時には、決して叱りっ放しにせず、必ずフォローを入れることを心掛けている。

　これらは、叱ることへの理解についての確認項目です。誰でも叱られることは嬉しいことではありません。しかし、褒めるだけで人が育つわけではありません。叱ることについては、昨今の傾向は敏感で、ともすればパワハラになるといった危惧も聞かれます。しかし、成長のためにはどうしても必要な場合があります。

①覿面注意
　幸之助の叱り方を、一言で表したのが「覿面（てきめん）注意」です。
　「傾聴」「承認」「美点凝視」と聞くと、幸之助は常に穏やかで優しい経営者であったように聞こえますが、決してそうではありません。仏様と閻魔様が同居しているような人でもありました。今まで、ニコニコと温和な表情であったと思いきや、ある事をきっかけに、見る間に顔色が変わり、こめかみに青筋が立ち、声色も変わって、全力を集中して叱る人でもありました。
　「覿面注意」とは、平凡なことや当たり前のことができない場合、その場で厳しく注意し叱るという意味です。しかし、幸之助は大きな失敗をした部下を叱ることはありませんでした。なぜなら、大きな失敗をした人は、心の中に既に大きな傷口を持っているからです。その上にさらに叱ってしまうと、傷口に塩を擦り込むことになり、逆効果になってしまうと判断したからです。
　一方、平凡なことや当たり前のことができなかった場合は、本人が気付いていない場合が多い。そうした場合、後から叱ってしまうと、叱られた本人はなぜ叱られたのか理解できず、不満だけが残る結果になってしまいます。幸之助は、大きな堤防が崩れるのは、小さなアリの一穴からだと考えていました。故に、「覿面注意」を実践していったのです。

②部下に手を合わせながら叱る
　幸之助は、「部下を叱る時には、部下に手を合わせながら叱らなあかんで」と語っています。常にこうした叱り方を意識していた幸之助は、決して部下を叱

りっぱなしにはしませんでした。必ず手厚いフォローを入れています。従って、幸之助に叱られたことで、逆に部下のモチベーションが上がっていくことになりました。「大将（当時幸之助は部下からそう呼ばれていた）に叱られたら一人前や！」ということになり、幸之助に叱られたことが一つの勲章になっていく。幸之助と部下との間に築かれた目には見えない太く丈夫な信頼関係がそれを可能にしていったのです。

幸之助は人財育成に対する考え方について、次のように述べています。
＜物をつくる前に人をつくる＞
　私は、ずっと以前でしたが、当時の年若き社員に、得意先から「松下電器は何をつくるところか」と尋ねられたならば、「松下電器は人をつくるところでございます。あわせて電気製品をつくっております」と、こういうことを申せと言ったことがあります。
　その当時、私は事業は人にあり、人をまず養成しなければならない、人間として成長しない人を持つ事業は成功するものではない、ということを感じており、ついそういう言葉が出たわけですが、そういう空気は当時の社員に浸透し、それば技術、資力、信用の貧弱さにもかかわらず、どこよりも会社を力強く進展させる大きな原動力になったと思うのです。
　　　　　　　　　　　　　　　（出典：『松下幸之助一日一話』）

４．将来の目的を達成するための手段を考える
〜バックキャスティングからのアプローチを〜

　第４の基本は、「目的から逆算（バックキャスティング）を当たり前として経営せよ！」ということです。
　目的を達成するアプローチとして、フォアキャスティングとバックキャスティングの２つの方法があります。フォアキャスティングは、過去のデータや実績に基づいて、実現可能と考えられることを積み上げて達成しようと試みる方法です。一方、バックキャスティングは、将来のある時点に目的を設定し、そこから振り返って今なすべきことは何かを考える方法です。

フォアキャスティングは、短期的な目標や堅実な改善には強いのですが、革新的なアイデアの創出や長期的な目標には弱いという特徴があります。一方、バックキャスティングは、創造的な発想が可能になり、劇的な変化が求められる課題に対しては有効ですが、未来予測に基づく計画であるため、不確実性を伴うという特徴があります。

　「VUCA」の時代と言われる現代、過去の成功体験はもはや意味を持たず足枷になる時代です。従って、フォアキャスティングではなく、バックキャスティングからのアプローチが求められていると考えねばなりません。将来の目的からバックキャスティングするということは、「5W2H」を明確にして目的を達成するための「手段」を考えることを意味します。

　「手段」を「戦略・戦術」と言い換えることもできます。筆者は、研修やセミナーの中で、この「手段」は受講者の「左手」に当たることを意識付けています。既述したように、「経営の目的＝経営理念」を「右手」と意識付け、「手段」を「左手」と意識付けする訳です。

図表1-4　第4の基本「目的からの逆算を当たり前として経営せよ！」

第Ⅰ章　経営（マネジメント）の5つの基本を理解する

図表1-4-1　チェックリスト
(目的から逆算（バックキャスティング）を当たり前として経営せよ！)

	第4の基本：チェックリスト	チェック欄 （5段階評価）	評価の理由
1	・私は、粛々と春夏秋冬を巡らせる自然の営みに学び、自社や自部門の経営やマネジメントに活かそうと心掛けている。		
2	・私は、「当たり前」のことが「当たり前」にできる組織になれば、必ず業績や会社の価値向上につながると考えている。		
3	・私は、企業の一流と二流を分けるのは、「当たり前」のことが「当たり前」にできるかどうかの差であることを認識している。		
4	・私は、経営トップや経営層を担う者は、常に未来（将来）を見据え、緊急ではないが重要な事柄を抽出し解決することに時間と力を傾注しなければならないことを理解している。		
5	・私は、戦略・戦術を考える時、「経営理念」から逆算して考えることの重要性を認識している。		
6	・私は、自社や自部門の戦略・戦術（中期計画や事業計画など）が、「経営理念」の実現に直結していることを常に意識して取り組んでいる。		
7	・私は、経営理念を浸透させるための仕組みを構築している。		
8	・わが社では、社員の目標管理シートに会社の目的である経営理念やビジョンを明記し、毎年の業務目標が目的を達成するための手段であることを明確にして業務推進を行っている。		

（5：全くそう思う　4：そう思う　3：どちらともいえない　2：そう思わない　1：全くそう思わない）

　幸之助は、この世のあらゆることは、やるべき当り前のことをきちんとやっていれば、自ずとうまくいき、逆にそれらをやっていなければうまくいかないように仕組まれている、それが「自然の理法」だと説いています。「自然の理法」とは、人間の力を超えた、世の中を支配している原理原則のことを意味しています。

　幸之助は、春夏秋冬を巡らせる自然の営みから多くのことを学び取り、経営に取り入れ活かした経営者でした。自然の営みは、誰に言われるまでもなく、倦まず弛まずひたすらに、当たり前のことを当たり前に、粛々と歩みを止めることは

ありません。組織の運営また企業経営の理想の姿を自然の中に見出したのが幸之助という経営者でした。

図表1－4－1は、第4の基本：目的からの逆算を当たり前として経営せよ！のチェックリストです。

（1）「当たり前」のことが「当たり前」できることの重要性
<u>チェックリスト1～3</u>
・私は、粛々と春夏秋冬を巡らせる自然の営みに学び、自社や自部門の経営やマネジメントに活かそうと心掛けている。
・私は、「当たり前」のことが「当たり前」にできる組織になれば、必ず業績や会社の価値向上につながると考えている。
・私は、企業の一流と二流を分けるのは、「当たり前」のことが「当たり前」にできるかどうかの差であることを認識している。

これらは、経営者が自然の営みに学び、当たり前のことを当たり前に行うことが、経営を円滑に進めるにあたり、いかに重要であるかを確認する項目です。

幸之助は、著書の中で次のように説いています。
＜自然の理法に従うこと＞
　天地自然の理法に従った経営などというと、いかにもむずかしそうだが、たとえていえば、雨が降れば傘をさすというようなことである。雨が降ってきたら傘をさすというのはだれでもやっているきわめて当然なことである。もしも、雨が降ってきても傘をささなければ、ぬれてしまう。これまた当然のことである。そのように当然のことを当然にやっていくというのが私の経営についての行き方、考え方である。
　そのように、私のいう"天地自然の理に従った経営"というのは、当然なすべきことをなすということである。それに尽きるといってもいいかもしれない。その、なすべきことをキチンとなしていれば、経営というものは必ずうまくいくものである。その意味では、経営はきわめて簡単なのである。

第Ⅰ章　経営（マネジメント）の5つの基本を理解する

限りなき生成発展というのが、この大自然の理法なのである。だからそれに従った行き方というのは、おのずと生成発展の道だといえよう。それを人間の小さな知恵、才覚だけで考えてやったのでは、かえって自然の理にもとり、失敗してしまう。
　大いに知恵を働かせ、才覚を生かすことも一面きわめて大切であるがやはり根本は人知を超えた大きな天地自然の理に従って経営をしていくことでなくてはならないのである。

（出典：『実践経営哲学』）

　幸之助は、「自然の理法に則った経営こそ王道だ」と考え、経営を進めた経営者でした。また、幸之助の信奉者である柳井 正氏（ファーストリテイリング会長兼社長）も次のように述べています。「いい会社、いい組織をつくろうと思ったら、当たり前のことが当たり前にできるようにすることです。いい会社と悪い会社でやっていることは、表面上はほとんど一緒です。やるべきことも一緒です。何が違うかといえば、どの程度までやるのか、どの水準を目指すのか、それだけです」
　言葉を加えれば、会社や組織において、**どのレベルを当たり前としてできるようになるか、それが一流と二流を分ける大きな分岐点になる**ということです。
　組織や企業の中で、「報告・連絡・相談」「お客様大事」「PDCAを回す」など、こうしたことは当たり前にできなければならないことに数えられるものですが、円滑に当たり前に実行できている組織や企業は意外と少ないのが実情です。

（2）「未来（将来）」のデザインを描くのが経営トップ・経営幹部の仕事

<u>チェックリスト4</u>
・私は、経営トップや経営幹部層を担う者は、常に未来（将来）を見据え、緊急ではないが重要な事柄を抽出し解決することに時間と力を傾注しなければならないことを理解している。

　これは、経営トップや経営幹部層（部長以上）が、どの時間軸を責任範囲として担わなければならないかを確認する項目です。

しかしながら、未来（将来）を担わなければならないという認識に欠ける経営トップや経営幹部層が極めて多いというのが実感です。担うべき時間軸が違うということを教えられないまま、持たないまま部長に昇格している場合もあれば、「将来のことを考えても、その時には自分はいないのだから考えても無駄…」「考えても評価されないから考えない…」等々、担当する任期を無難に大過なく、社内政治を駆使して乗り切ることに懸命な経営幹部が多いのです。

当然このような組織からは、変革の機運もイノベーションも起こりようがなく、社員のモチベーションも下がる一方で、「あきらめ社員」と評される社員の群れが多くを占めるようになってしまいます。

そこで筆者は、研修やセミナーの中で図表１－４－２を示しながら、経営トップや経営幹部が担うべき時間軸について次のように説明しています。

図表１－４－２　L型行動とZ型行動

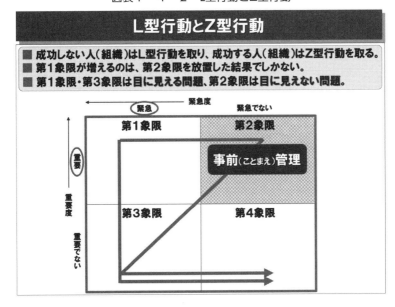

①経営トップ・経営幹部が担うべき時間軸

　私たちが持っている仕事を「緊急度」と「重要度」の2つの視点から整理すると、4つの象限に整理することができます。

　まず、緊急度が高い仕事を優先して行動するとどうなるでしょうか？

　緊急で重要な第1象限⇒緊急で重要ではない第3象限⇒緊急でも重要でもない第4象限へと移っていきます。これを「L型行動」と言い、成功しない人や組織の行動パターンです。

　次に、重要度が高い仕事を優先した場合の行動を見てみましょう。

　まず、重要で緊急な第1象限⇒重要だが緊急ではない第2象限⇒緊急で重要ではない第3象限⇒重要でも緊急でもない第4象限へと移っていきます。これを「Z型行動」と言い、成功する人や組織の行動パターンです。

　第1・第3象限は、緊急度の高い仕事ですから、当然目に見えています。しかし、第2象限は重要だけれども緊急ではありませんから、まだ目に見えていない水面下の事柄と言えます。

　しかし幸之助は、この第2象限に潜む課題をいち早く見つけ出し、迅速に先手を打っていった経営者でした。幸之助は、このことを「事前（ことまえ）管理」と呼んでいます。

　経営トップや経営幹部層が「未来」を考えるということは、正にこの第2象限を何よりも優先して考えるということです。経営トップや経営幹部層が、第2象限を考えなければ組織の中で考える人は誰も存在しないということになってしまいます。

②大課長・大々課長になるな！

　筆者は研修の中で、「部長は、大課長になってはいけません。取締役は、大々課長になってはいけません」と伝えています。何を意味するかというと、部長や取締役が、いつになっても第1象限や第3象限に関わっていてはいけません、ということを伝えたいがためです。

　記述したような「将来のことを考えても、どうせその時には自分はいないのだから考えても無駄、考えても評価されない…」と考える経営幹部層は、正に第1象限や第3象限にドップリ浸かり、そのことに何の疑問も違和感も感じていない

輩と言えるでしょう。

　第1象限や第3象限の仕事に関わることを「マイクロマネジメント」と言います。本来、課長職や係長職が役割を果たすべき「今期」や「今日」の仕事に首を突っ込むことを意味します。こうなると、課長や係長は非常に仕事がやりにくくなります。また、その部下もどちらを見て仕事をすればよいのか混乱をきたします。こうした**命令系統の二元化**は、決して組織を好ましい方向には導いていきません。

　幸之助は部下をマネジメントする時の考え方として、次のように説いています。
＜任せて任せず＞
　「好きこそものの上手なれ」という言葉がありますが、人に仕事を任せる場合、原則としては、こういう仕事をやりたいと思っている人にその仕事を任せる、ということがいいのではないかと思います。

　しかし、任せてはいるけれども、たえず頭の中で気になっている。そこでときに報告を求め、問題がある場合には、適切な助言や指示をしていく。それが経営者のあるべき姿だと思います。

　これは言いかえますと、"任せて任せず"ということになるかと思います。任せて任せずというのは、文字どおり"任せた"のであって、決して放り出したのではないということです。

　　　　　　　　　（出典：『経営のコツここなりと気づいた価値は百万両』）

（3）「経営理念（目的）」から逆算して思考することの重要性

チェックリスト5〜6
・私は、戦略・戦術を考える時、「経営理念」から逆算して考えることの重要性を認識している。
・私は、自社や自部門の戦略・戦術（中期計画や事業計画など）が、「経営理念」の実現に直結していることを常に意識して取り組んでいる。

　これらは、経営者が経営を進めるにあたり、経営理念（目的）から逆算して戦略・戦術を考えることの重要性を確認する項目です。

①目的からの逆算

　これまで述べてきた「当たり前」の一つに加えねばならないものが「目的からの逆算」です。もっと言えば未来（将来）からの逆算です。経営の中で、この逆算が円滑に具体的にできるようになれば、非常に強い組織になります。

　旅行で言えば、次のような例えになります。旅行の目的地を「パリ」、目的を「パリオリンピック開会式（2024年7月26日）に参加する」と決めたとしましょう。そうすると、その明確な未来の目的を達成するための「逆算」が可能になります。

　「逆算」とは、「５Ｗ２H」（When（いつ）Where（どこで）Who（誰が）Why（なぜ）What（何を）How（どのように）How much（いくらで））を具体的に考えることです。いつ日本を出発するか？（When）どこで泊まるか？（Where）誰が行くか？（Who）どのように行くか？（How）といった具合に、具体的に考えることができるようになります。

　ところが、「いつかパリに行きたい」という不明確な目的では、「逆算」は不可能です。こうした例から、明確な目的を持つことの重要性を理解して欲しいと思います。

　筆者は研修やセミナーの中で、「５Ｗ２H」は「目的＝右手」を達成するための「手段（戦略・戦術）＝左手」であり、「右手＝目的」から逆算して導き出すことが自然に出来るようになれば、戦略思考が定着した強い組織になれるとお話ししています。

　しかし、多くの企業では経営の目的（右手）＝「経営理念」を掲げてはいるものの、ただ掲げているだけの企業が多く見られます。代表的な例は、経営理念を額縁に飾って満足している「額縁経営理念」です。この額縁は、やがて風景として溶け込んでしまい、何のインパクトも与えない「風景理念」へと朽ちていきます。また、毎朝の朝礼で唱和して満足してしまう「朝礼唱和経営理念」などもそれに当たります。

　「経営理念」が浸透するということは、言い換えれば社員の思考と行動が変わることです。社員の思考と行動を変える起点になるのが「経営理念」でなくてはなりません。

②幸之助 逆算の例：「5か年計画」と「週休二日制」

　「経営理念」を揺るがぬ「目的」として経営に当たった幸之助が、当時の日本を驚かせた逆算の例を、ここで2つ紹介したいと思います。

　まず、1955（昭和30）年に発表した「5か年計画」について紹介しましょう。

<5か年計画>

　　幸之助は、理想や目標を持たない企業は衰退する、経営者は常に理想を掲げ、目標を見定めて、それを社員に語りかけ、共にその実現を図らねばならないと考え、自らもそれを実践していった。

　　1955年に「5か年計画」を発表したこともその一つである。

　　販売高220億円（1955年）を5年後（1960年）に800億円、従業員11,000人を18,000人に、資本金30億円を100億円にするという計画であったが、当時民間企業でこうした長期計画を発表するところはなく、各方面に大きな反響を呼んだが、構想のあまりの大きさに社員の驚きもまた大きかった。

　　幸之助は「この計画は必ず実現できる。なぜなら、これは一般大衆の要望だからである。われわれは、大衆との"見えざる契約"をしているのである」と訴え、社員に奮起を促した。

　　幸之助の予測に違わず、この計画は4年にしてほぼ達成されるに至った。

　　5年後には、販売高1,054億円（計画800億円）、従業員28,000人（計画18,000人）、資本金150億円（計画100億円）となり、目標をはるかに上回る結果となったのである。

（出典：「松下幸之助小事典」）

　続いて、日本で初めて導入された「週休二日制」の事例です。

<週休二日制>

　　幸之助は、1960（昭和35）年の経営方針発表会で「国際競争に打ち勝つためには、設備の改善やオートメーションを進めるとともに、仕事の能率を大いに高めねばならない。仕事の密度を濃くすると、疲れも相当に出てくるから1日多く休む必要があり、アメリカと同じく週2日の休みとする。それができて初めて世界のメーカーとして互角に商売ができるのだと思う」と述べ、5年後に週5日制を実施したいと宣言した。

この発表は社員全員を驚かせたが、予定通り1965（昭和49）年4月16日より実施された。
　幸之助は、社員に"1日休養1日教養"を掲げ、休日を単なる遊びに終わらせず、産業人・社会人として向上する時間としての活用を要望したのである。

（出典：「松下幸之助小事典」）

　幸之助は、「週休二日制」の導入に当たって、1日稼働した場合と休日にした場合の事業採算を徹底的に分析しています。例えば、稼働した場合に発生する経費については、男性社員が1日に使用するトイレットペーパーの量、女性社員が使用するトイレットペーパーの量まで計算したと言われています。これほどの裏付けを基にして英断したのが「週休二日制」だったのです。
　あるべき姿（経営理念＝右手）を描き、それを実現するための手段（戦略・戦術＝左手）を具体的に綿密に構築していく幸之助の経営を、こうした事例から実感していただければと思います。

（4）「経営理念」を組織に浸透させるための仕組み化の重要性

> チェックリスト7～8
> ・私は、経営理念を浸透させるための仕組みを構築している。
> ・わが社では、社員の目標管理シートに会社の目的である経営理念やビジョンを明記し、毎年の業務目標が目的を達成するための手段であることを明確にして業務推進を行っている。

　これらは、「経営理念」を社内に浸透させるために、「仕組み」に落とし込むことの重要性を確認する項目です。
　図表1－4－3は、「経営理念」の浸透を図るための仕組みの例です。「経営理念」やミッション、事業の意義、会社の使命などの要素を社内に浸透させることを、「インナーブランディング」と言います。（※経営理念とミッションは同義語です。）

図表1－4－3　経営理念の浸透を図るための仕組み例

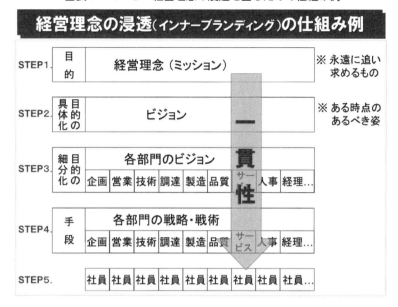

　それでは、STEPごとに説明していきたいと思います。

＜インナーブランディングの例＞

STEP1．目的：経営理念（ミッション）
　「経営理念」は、一般的に短い文章で抽象的です。また、時間的な期限がなく永遠に追い求めるものが「経営理念」です。
　↓
STEP2．目的の具体化：ビジョン
　一方「ビジョン」は、10年後や5年後といった時間的な期限を設けて「**あるべき姿**」を描いたものになります。**抽象的な「経営理念」を、より近い将来に近づけて具体化したもの、あるいはより解像度を高めたものが「ビジョン」**です。「ビジョン」の作り方にはさまざまな方法がありますが、やはり社員にとって身近で親しみやすいものにするためには、できるだけ社員の**「衆知を集めたもの」**にすることが肝要です。例えば、各部門から選抜された社員による**組織横断プロ**

ジェクトを組んで固めていくのも一つの方法です。

↓

STEP 3．目的の細分化：各部門のビジョン

　その「ビジョン」を、さらに部門ごとに細分化し、より具体的な内容に落とし込み、それぞれの部門で働く社員の肌感覚に近づけていきます。部門ごとの「ビジョン」を作る時にもやはり「衆知を集める」ことが望まれます。各部門の中でビジョン策定プロジェクトを編成し、社員手作りのビジョンを策定することをお勧めします。

↓

STEP 4．手段：各部門の戦略・戦術

　戦略・戦術は、経営の目的である「経営理念」、それをより具体化した「ビジョン」を実現するためのあくまで「手段」であることを忘れてはいけません。目的は「右手」、手段は「左手」です。そして、「右手」（＝目的）と「左手」（＝手段）が勢いよく"パンッ！"と音を出さなければなりません。そのためには、より具体的で解像度を高めた戦略・戦術に落とし込む必要があります。

　企業では、今後3年から5年を想定した中期計画や次年度を想定した事業計画を立案しますが、それが戦略・戦術に当たります。手段（＝左手）としての戦略・戦術が、目的（＝右手）である「経営理念」・「ビジョン」をしっかりと実現できる内容になっていれば、目的と手段の間に**「一貫性」**が生まれ、実現可能性は高まります。すなわち、「右手」と「左手」が勢いよくパンッ！と鳴る関係になっていきます。

　しかし、よくある例として、中期計画や事業計画を策定する過程において、あるいは策定した中期計画や事業計画に基いてP⇒D⇒C⇒Aのサイクルを回す過程において、いつの間にか目的であるべき「経営理念」や「ビジョン」が忘れ去られ、本来「目標」であるべき売上・利益などの数字が「目的」に置き変わってしまうことがあります。そうなると、その**数字を達成するためには「手段」を選ばない何でもありの風土**が醸成され、歯止めがかからない状況へと陥っていきます。日々のニュースを賑わす企業不祥事にも、似たような背景があることが想起されます。

　こうした状況に陥らないためには、常に「何のために、誰のために、なぜこの

仕事をしているのか？」という仕事の「目的（＝右手）」、すなわち「経営理念」・「ビジョン」を常に自分の判断の軸になるまで「自分化」しなければなりません。自分の「右手」を見る度に、自分の仕事の「目的」は何か？「経営理念」は何か？と、絶えず自らに問い続ける習慣を持たなければなりません。

　「経営理念の浸透とは、社員の思考と行動が変わること」と既述しましたが、こうした習慣を日常化出来てはじめて経営理念の浸透が図られていくと言っても過言ではありません。

　↓

<u>STEP５．社員一人ひとりまで</u>

　各部門の戦略・戦術は、最終的には、社員一人ひとりの目標にまで落とし込まれなくてはなりません。

（５）目標管理シートの活用

　図表１－４－４は、「目標管理シート」の一例です。この「目標管理シート」のポイントは、次の３点です。

① 経営理念・ビジョンが業務の「目的」として位置づけられていること。
② 今期の重点課題や今期の目標・実行計画は、「目的」を達成するための「手段」として位置づけられていること。
③ 目標管理の場として「１on１ミーティング」を最低毎月１回実施することを義務付けていること。

　いくら立派な「経営理念」や「ビジョン」を掲げても、社員一人ひとりの業務目標に紐づけられていなければ何の意味もありません。それこそ「額縁経営理念」「風景理念」に堕してしまいます。「経営理念」「ビジョン」は「目的」すなわち「右手」、「重点課題」や「目標・実行計画」は「手段」すなわち「左手」です。この「右手」と「左手」が合わさって、パンッ！と大きな音を出すようにするためには、こうした仕組みが不可欠です。

第Ⅰ章　経営（マネジメント）の５つの基本を理解する　63

図表１－４－４　目標管理シートの一例

目標管理シート　　**今期の重点課題と目標設定**

プロフィール

評価年度	部門	役職	等級	氏名

面談日

目標設定面談日
月　日

目的	経営理念	
	ビジョン	

今期の方針と自分の重点課題

※ 経営理念・ビジョンを踏まえ、それを実現するための自らの重点課題を記載してください。

	今期の重点課題
手段	

今期の目標・実行計画の共有

※ 重点課題を解決するために、自らが担う目標・達成基準を記入してください。達成基準をクリアするための実行計画・期日を記入してください。

	今期の目標・実行計画の共有					
		目標項目 （何をどうする）	達成基準 （どのレベルまで）	実行計画 （どのように）	期限 （いつまでに）	上司アドバイス （加筆・修正）
手段	①					
	②					
	③					

※目標管理の場として「１on１ミーティング」を最低毎月１回（30分前後）実施すること。

しかし、大半の企業の「目標管理シート」には、「経営理念」や「ビジョン」を明記する欄は設けられていません。こうしたところから、「経営理念」や「ビジョン」とは紐づけされない業務目標が次々と生み出され、やがて「経営理念」や「ビジョン」は形骸化し、忘れ去られる存在になっていってしまいます。

また、新しい年度の期初に「目標管理シート」を作成したとしても、適切な頻度で確認する機会がないと「書いただけ」に終わってしまいます。

多くの企業では、半年に一度上司と部下の間で「中間チェック」の場が設けられていますが、半年に一度では上司も部下も「目標」を忘れてしまい、単なる形式的で表面的なやり取りに終始し、空虚なイベントに終わっているのが実状です。

「目標管理シート」を有効に機能させるためには、上司・部下ともに工夫が必要です。

図表１－４－４の目標管理シートには、「※目標管理の場として「１on１ミーティング」を最低毎月１回（30分前後）実施すること」と記述し、注意喚起を行っています。

しかし、「1on1ミーティング」をただやればいいということではありません。ポイントを押さえた効果的なミーティングにしなければなりませんが、押さえるべきポイントを整理しましたので、是非参考にしていただきたいと思います。

① 実施するスケジュールを決める。
② 「1on1ミーティング」の趣旨や目的を部下と共有する。
③ 雑談にならぬよう、部下は事前準備（話すテーマを複数用意するなど）を行う。
④ 上司は先入観を持たずに"傾聴"を心掛け、安心して対話できる雰囲気をつくる。
⑤ 内容を記録して、振り返りを行う。
⑥ 最低月1回（30分前後）、継続的に実施し、部下の目標達成をサポートする。

　経営の目的である「経営理念」や「ビジョン」を、社員一人ひとりの仕事にまで反映し、浸透させるためには、以上のようなプロセス（STEP1～STEP5）を踏むことが必要ですが、そのプロセスを通して全社員の思考と行動のベクトルが一体化し共鳴するようになれば、極めて強力な推進力・課題解決力を備えた組織や企業に変身することは間違いありません。
　そうなるように、このプロセスが「当たり前のプロセス」なるまで、根気強く・粘り強く継続していかねばなりません。それを可能にするのは、やはり経営トップ・経営幹部の本気度にかかっていると再度念押ししておきたいと思います。

5．目的に手段が合っているか
～目的に対する手段が間違っていれば成果は出ない～

　最後に、第5の基本は、「「右手」（目的）と「左手」（手段）がパンッ！と鳴る経営を心掛けよ！」ということです。パンッ！と音が出ることは、成果が出ることを意味します。「目的」に対して「手段」がマッチしているからこそ「右手」と「左手」が合わさって音が出るのです。逆に、「目的」に対して「手段」が間違っていれば、たとえどんなに「右手」と「左手」を振り回しても音は出ず、何

の成果も生み出していないことを意味しています。

図表1-5　右手（目的）と左手（手段・戦略戦術）がパンッ！と鳴る経営を心掛けよ！

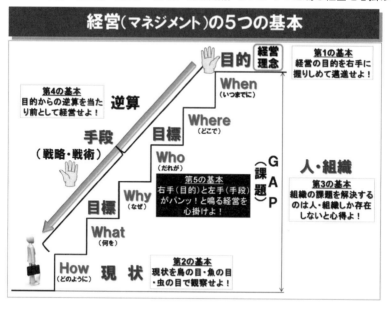

　図表1-5-1は、第5の基本：右手（目的）と左手（手段・戦略戦術）がパンッ！と鳴る経営を心掛けよ！のチェックリストです。

図表1-5-1　チェックリスト
右手（目的）と左手（手段・戦略戦術）がパンッ！と鳴る経営を心掛けよ！

	第5の基本：チェックリスト	チェック欄 （5段階評価）	評価の理由
1	・私は、自分の仕事の主役・主人公・社長は自分であるという意識を持つことが、仕事への責任感やモチベーションの向上につながることを認識している。		
2	・私は、上司の指示を待って仕事をするのではなく、指示がなくても課題を見つけ出し、解決する方法を自ら考え、実行して課題解決することが仕事であることを理解している。		

3	・私は、「仕事には必ず課題が存在し、課題がないのは課題であり、課題を見つけ出せていないからだ」と考えている。		
4	・私は、自分の仕事の責任を果たすためには、まず自分の力を最大限に発揮し、それでも足りないところは職場の仲間や上司・部下の力を結集して仕事に当たることを心掛けている。		
5	・私は、物事がうまくいった時は「これは運がよかった」と考え、うまくいかなかった時は「その原因は自分にある」と考えるようにしている。		
6	・私は、物事がうまくいかなかった時「運が悪かった」と考えてしまうと、その失敗の経験が生かされず、同じ過ちを繰り返しかねないことを理解している。		
7	・私は、たとえ失敗しても、素直な心で反省することによって、成功への糧になると認識している。		
8	・私は、「仕事が行き詰まるのは、行き詰まるような考え方をしているからだ」と考え、常にポジティブに物事を考えるように意識している。		

(5:全くそう思う　4:そう思う　3:どちらともいえない　2:そう思わない　1:全くそう思わない)

　筆者は、研修の中で受講者の右手（目的）を高く上げてもらい、左手（手段・戦略戦術）を腰の辺りに低く構えてもらいます。それから、勢いよく両手を二度三度と合わせてもらいます。そうすると、当然「パンッ！」と音が出ます。それは、右手と左手が合致しているから当然とも言えます。「パンッ！」という音は、**経営の成果・業績**と言ってもよいでしょう。これが健全な経営の姿であり、**一貫性のある姿**です。

　しかし、**多くの企業や組織は、右手（目的）と左手（手段・戦略戦術）が交わらず、すれ違う経営をしています**。こうなると、いくら両手を振っても音は出ず、成果・業績が上がらない経営になってしまいます。なぜすれ違うのか？一つの要因としては、「右手＝目的」から逆算をして「左手＝手段・戦略戦術」を策定するのではなく、「右手＝目的」を全く意識せず「左手＝手段・戦略戦術」を策定してしまったことが上げられます。こうなると、「右手」と「左手」の間の関係性が希薄になり、当然すれ違いを生んでしまいます。

　また、**多くの企業や組織は、右手（目的）を降ろしてしまい、左手（手段・戦略戦術）一本を振り回す経営をしています**。こうした姿を「**経営理念の形骸化**

と言います。例えば、本来「目標」とすべき売上や利益を「目的」に置き換えてしまい、「売上を上げろ！利益を出せ！」と社員に重いノルマを課してプレッシャーを掛けるような経営です。

それは、やがて売上や利益のためには手段を選ばない姿へと変貌し、社員の離職や不祥事の頻発を発生させ、最終的には社会から淘汰される存在になってしまいます。こうした経営を「**覇道の経営**」「**邪道の経営**」といいます。しかし、残念ながらこうした企業が多く存在しているのも事実だと言わなければなりません。

「右手＝目的」と「左手＝戦略・戦術」がパンッ！と鳴る経営（＝「王道の経営」）を実現するためには、まず自らそれが出来る人財になることであり、何があっても他責にせず、それをやり切る責任と覚悟を持つ人財（＝**自主責任経営意識を持った人財**）にならなくてはいけません。

また、部下にもそれを求め、社内に自主責任経営意識を持った人財を一人でも多く育成していくことが企業発展の大きなカギになってきます。

（1）「仕事の主役・主人公・社長は自分」と考えることの重要性

> チェックリスト1
> ・私は、自分の仕事の主役・主人公・社長は自分であるという意識を持つことが、仕事への責任感やモチベーションの向上につながることを認識している。

どんなに立派な「経営理念」（＝右手）を掲げても、どんなに卓越した「戦略・戦術」（＝左手）を構築しても、その右手と左手がパンッ！と合わせられるかどうかは「人」次第です。五大経営資源（ヒト・モノ・カネ・情報・時間）の中で、**一番重要な資源は「人」です**。何故なら、「人」がその他の経営資源を駆使して価値を生み出していくからです。「人」が育っていれば、経営資源の最小のインプットで最大のアウトプットを得ることが出来ますが、育っていなければ、最大のインプットで最小のアウトプットしか手にすることが出来なくなってしまいます。

「人」が育つためには、2つの側面があります。それは、**会社が育てる側面と自らが自らを育てる側面**です。

　幸之助は、著書の中で次のように語っています。
<*自修自得*>
　たとえば経営学というものをとってみよう。経営学は人から教わったり、本で学んだりすることができる。しかし、万巻の経営学の本を読んだからといって、それで経営というか、仕事が完全にできるというものではない。それはいろいろな面で参考になるかもしれない。しかし生きた経営なり仕事というものは教えるに教えられない、習うに習えない、ただみずから創意工夫をこらしてはじめて会得できるものである。

　その自得するという心がまえなしに、教わった通り、本で読んだ通りになったとしても一応のことはできるかもしれないが、本当のプロにはなれないと思う。自得していこうという前提に立って、はじめてもろもろの知識も生かされ、人の教えも役に立つわけである。

出典：『その心意気やよし』

　幸之助は、どんなに教わり学んでも、**最後は自ら創意工夫して「実践」しなければ本当の血と肉にはならない**と考えていました。9歳から丁稚奉公の世界に身を投じ、身体で商売を覚え込んでいった幸之助は、正に実践の人であり、実践なくして幸之助なしと言っても過言ではない人生を歩んできました。だからこそ生まれてきた考え方だと思います。

　幸之助はまた、仕事の主役・主人公になることを**「社員稼業」**という言葉を用いて、次のように社員に語りかけています。
<*社員稼業*>
　会社に勤める社員のみなさんが、自分は単なる会社の一社員ではなく、社員という独立した事業を営む主人公であり経営者である、自分は社員稼業の店主である、というように考えてみてはどうか。そういう考えに立って、この自分の店をどう発展させていくかということに創意工夫をこらして取り組

んでいく。そうすれば、単に月給をもらって働いているといったサラリーマン根性に終わるようなこともなく、日々生きがいを感じつつ、愉快に働くこともできるようになるのではないか。

(出典：『社員稼業』)

(2) 仕事の質を決める「課題形成能力」と「課題解決能力」

チェックリスト2～3
- 私は、上司の指示を待って仕事をするのではなく、指示がなくても課題を見つけ出し、解決する方法を自ら考え、実行して課題解決することが仕事であることを理解している。
- 私は、「仕事には必ず課題が存在し、課題がないのは課題であり、課題を見つけ出せていないからだ」と考えている。

　右手（目的）と左手（手段）がパン！と勢いよく鳴るためには、仕事に対する主体的・能動的・積極的な姿勢が不可欠です。人財育成とは、指示したことを真面目に忠実に実行する社員を育てることではありません。それは、指示しなければ何も動かない社員をつくることに他なりません。人財育成とは、自ら課題を見つけ出し、自ら考え行動することで、課題解決できる社員を育てることです。そうした人財が組織に増えていけば、組織能力は格段に向上し、顧客満足度や社員満足度の向上に繋がり、結果的に業績の向上にも繋がってくるというよい循環が回り始めることになります。

　筆者は、営業として11年間トヨタ自動車を担当した経験を持っています。トヨタと言えば、「改善＝KAIZEN」が世界標準語にもなっているほどですが、当時次のような話を耳にしたことがあります。

　トヨタ自動車の全世界の工場で1年間に上がってくる改善提案の数は、何と約60万件。そのうち採用される割合が約90％。提案した案件のほとんどが採用されるので、現場で働く社員の改善意欲がさらに高まるというスパイラルアップのサイクルが回っていきます。

　さらに、次のようなエピソードもありました。

　トヨタ自動車の工場には、外部からの見学者が工場見学するルートが設定され

ています。

　ある時、工場見学していた見学者の1人が工場で働く社員に次のような質問をしました。

「トヨタさんの工場では、なぜこのようにたくさんの改善提案が出てくるのですか？」

　この質問に対し、質問された社員は次のように答えました。

「なぜ御社の工場では改善提案が出てこないのですか？」

　トヨタ自動車では、「**仕事には必ず課題が存在し、課題がないのは課題であり、課題を見つけ出せていないからだ**」と徹底して考える風土が根付いています。正に、「**仕事の主役・主人公は自分**」という「社員稼業」の意識が浸透し、「課題形成能力」と「課題解決能力」に秀でた人財が、多くの現場で逞しく育成されている様子を実感できるエピソードだと思います。

(3) 仕事で問われる「自主責任経営」の心掛け

> <u>チェックリスト4</u>
> ・私は、自分の仕事の責任を果たすためには、まず自分の力を最大限に発揮し、それでも足りないところは職場の仲間や上司・部下の力を結集して仕事に当たることを心掛けている。

　幸之助の仕事に対する考え方は「**自主経営**」が基本です。自らの役割を果たさない「他力本願、親方日の丸、寄らば大樹の陰」のような無責任な社員がいくら多く存在しても、それは「烏合の衆にして何らの力なし」となってしまいます。**自主性・自律性・内発的動機を備えた社員を育成してこそ会社や組織の持続的発展を可能にします。**幸之助は「自主経営」について、次のように語っています。

＜*自主経営*＞

　経営のやり方というものは無限にあるが、その一つの心がまえとして自力経営、自主経営ということがきわめて大切である。つまり、資金であるとか、技術の開発その他経営の各面にわたって、自力を中心としてやっていくということである。（中略）

　そういう考え、姿勢を基本にもちつつ、その上で必要な他力を大いに活用

するならば、それは非常に生きてくるだろう。また、そのように自力を中心でやっていく姿勢には、それだけ外部の信用も生まれ、求めずして他力が集まってくるということもある。これはいわば理外の理ともいうべきものかもしれないが、そういうものが世間の一つの姿なのである。

(出典:『実践経営哲学』)

(4) 成功と失敗に対する考え方

<u>チェックリスト5〜7</u>
- 私は、物事がうまくいった時は「これは運がよかった」と考え、うまくいかなかった時は「その原因は自分にある」と考えるようにしている。
- 私は、物事がうまくいかなかった時「運が悪かった」と考えてしまうと、その失敗の経験が生かされず、同じ過ちを繰り返しかねないことを理解している。
- 私は、たとえ失敗したとしても、素直な心で反省することによって、成功への糧になると認識している。

幸之助の「自主責任経営」の考え方は、成功と失敗に対する考え方にも表れています。私たちは、うまくいったら自分の手柄、いかなかったら上司や部下、また世間や景気など、自分以外のものにその責任を転嫁してしまう傾向を持っています。すなわち、「自主責任経営」とは真逆の「他責」の考え方です。

「他責」は、自分の過ちを正当化する言い訳と言い換えてもよいと思いますが、幸之助はそうした考え方を著書の中で次のように戒めています。

＜必ず成功すると考えること＞
　私自身の経営については、このように考えてやってきた。すなわち物事がうまくいったときは"これは運がよかったのだ"と考え、うまくいかなかったときは"その原因は自分にある"と考えるようにしてきた。つまり、成功は運のせいだが、失敗は自分のせいだということである。
　物事がうまくいったときに、それを自分の力でやったのだと考えると、そこにおごりや油断が生じて、つぎに失敗を招きやすい。*(中略)*

反対に、うまくいかなかったときに、それを運のせいにして "運が悪かった" ということになれば、その失敗の経験が生きてこない。自分のやり方に過ちがあったと考えれば、そこにいろいろ反省もできて、同じ過ちはくり返さなくなり、文字どおり「失敗は成功の母」ということになってくる。
　(中略)　"失敗の原因はわれにあり" という考え方に徹して、みずからの経営を厳しく吟味しつつ、なすべきことをなしていくことが大切である。
(出典：『実践経営哲学』)

　自分の行いの中に過ちを見い出すところに反省が生まれ、次への改善の策が講じられていきます。幸之助は、「私は、失敗したことがない。なぜなら、成功するまで続けるからだ」と語っています。幸之助は、たとえ**失敗しても、素直に反省することによって、失敗を成功への積み石に変えていく人でした**。積み石が重なれば、成功への階段になっていった訳です。

(5) 陽転思考＝ポジティブ・シンキングが扉を開く

<u>チェックリスト8</u>
・私は、「仕事が行き詰まるのは、行き詰まるような考え方をしているからだ」と考え、常にポジティブに物事を考えるように意識している。

　幸之助は、「三つのない」(資産なし・学歴なし・健康なし) と言われた人物です。家庭的な側面から見れば、幸之助ほど不幸な幼少期から青年期を歩んだ人は極めて稀だと思います。
　そうした幸之助が、なぜ一代にして世界に冠たる企業を育てることが出来たのでしょうか。
　筆者は、その一つの答えが、**幸之助の陽転思考**にあったと考えています。すなわち、**ポジティブ・シンキング**です。

図表1-5-2 ポジティブな意味付けとネガティブな意味付け

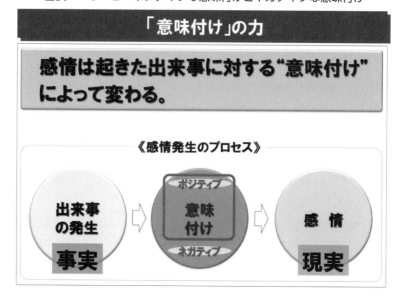

　筆者は、研修の中で図表1-5-2を用いてポジティブ・シンキングの重要性を説明しています。
　ポイントは、私たちの感情である喜怒哀楽は、起きた出来事に対する「意味付け」によって大きく変わる、ということです。
　ある出来事が発生したと想定しましょう。出来事＝「事実」です。その「事実」に、人は無意識のうちに「意味付け」をしています。百人いれば百通り、千人いれば千通りの「意味付け」をしています。「ポジティブな意味付け」をする人もいれば、「ネガティブな意味付け」をする人もいます。
　「事実」に「意味付け」が加わって「感情」が生まれてきます。「ポジティブな意味付け」をした人には「ポジティブな感情」が、「ネガティブな意味付け」をした人には、「ネガティブな感情」が生まれます。「事実」に「感情」が加わったものが「現実」です。「ポジティブな感情」が加われば、「ポジティブな現実」になり、「ネガティブな感情」が加われば、「ネガティブな現実」に生きることになります。誰一人「事実」の中で生きている人は存在しません。誰一人例外なく「現実」の中で生きています。「ポジティブな現実」に生きるのか、「ネガティブ

な現実」に生きるのか、それはその人の「意味付け」次第ということになります。幸之助は、常に「ポジティブな現実」に生きようと努力をし続けた人でした。どんな状況下に置かれても「ポジティブな現実」に生きるために「ポジティブな意味付け」ができるよう「ものの見方・考え方」を訓練し続けた人、といってもよいのではないかと思います。

　筆者は、研修やセミナーの中で、さらに次のような話を加えます。

　「ポジティブ・シンキングは車のアクセル、ネガティブ・シンキングはブレーキ」に当たります。何事でも、成功するためには行動が伴わなければなりません。行動なき成功はあり得ません。従って、ものごとをできるだけポジティブに捉え、アクセルを踏んで自らに強く行動を促さねばなりません。フランスの哲学者アランは「悲観は気分、楽観は意志」と言っていますが、ポジティブ・シンキングは日頃の訓練の結果、身に付くものだと思います。筆者の私も、ものごとをポジティブに捉えようと、日々葛藤する毎日であることを申し添えておきたいと思います。

　第Ⅰ章では、「VUCAの時代に不可欠な"不易と流行"の経営」をテーマに話を進めてきました。

　本編の中で既に述べたように、"不易"は「形而上」→"不易"→「目に見えないもの・形のないもの」→「人づくり」→「哲学を持つ」→「人を活かす」→「王道の経営」という連鎖の中にあります。一方、"流行"は「形而下」→"流行"→「目に見えるもの・形があるもの」→「カネもうけ」→「哲学を持たない」→「人を活かせない」→「覇道の経営」「邪道の経営」という連鎖の中に存在しています。

　「失われた〇十年」と言われ続けてきた日本企業ですが、未だに多くの企業が"流行"を追いかける経営を続け、その結果が、米誌「フォーチュン」の調査「フォーチュン・グローバル500」（全世界の企業売上高のランキング）中にも表れています。

　米誌「フォーチュン」が、「フォーチュン・グローバル500」を初めて発表したのは1995年のことでした。その時、堂々のグローバル1位を占めたのは日本の三菱商事で、三井物産、伊藤忠商事、住友商事、丸紅、日商岩井（現　双日）の5社もトップ10に顔を揃えました。トップ500に入った企業数を見ても、日本は149

社と米国の151社に次いで２位の地位を占めていました。

　それから28年の歳月を経て、2023年「フォーチュン・グローバル500」にランクインした日本の企業数はわずかに41社。最も上位に入った日本企業でもトヨタ自動車の19位が最上位でした。今や『ジャパン・アズ・ナンバーワン』の姿は、見る影もありません。

　しかし、嘆く状況ばかりではありません。今、世界の潮流はSDGsに代表されるように、売上や利益等の「経済的合理性」を評価基準とするのではなく、地球環境（Environment）・社会貢献（Social）・企業統治（Governance）を新たな評価基準とする「社会的合理性」が強く問われる時代へと、潮流は大きな変化を見せています。

　既述したように、日本的経営の中に連綿と受け継がれてきた「ビジネス」と「倫理性・道徳性・社会性」を両立させる価値観は、「経済的合理性」と「社会的合理性」を両立させる価値観でもあり、"流行"と"不易"を両立させる価値観でもあると言ってよいと思います。

　本稿で取り上げてきた松下幸之助が、企業観の中心に据えたのが「企業は社会の公器」という価値観でした。「経済的合理性」よりも「社会的合理性」、"流行"よりも"不易"に大きな重心を置いて経営を進めた経営者でした。

　"不易"は目には見えない「木の根」の部分、"流行"は目に見える「果実」の部分です。「木の根」さえしっかり張っていれば、いつか必ず立派な「果実」は実ります。

　「木の根」を張らずに「果実」を採ろうとしたのが「失われた〇十年」の姿だったと思います。

　「失われた〇十年」を脱却し、日本企業本来の輝きを取り戻すためには、再度しっかりとした「木の根」すなわち"不易"の根を張り直さなければなりません。そして、「右手」と「左手」がパンッ！と鳴る経営を実現しなければなりません。

<第Ⅰ章　参考文献>

青木仁志（2017）『目標達成の技術』アチーブメント出版
江口克彦（2022～2023）『松下幸之助に学ぶ経営の神髄と実践講座』マネジメント協会
小川雅人（2018）『中小企業の経営と診断－持続ある社会活動の経営支援に向けて－』創風社
木野親之（2008）『松下幸之助に学ぶ指導者の一念』コスモ教育出版
沢田重隆（1981）『画伝 松下幸之助　道』松下電器産業株式会社
名和高司（2021）『パーパス経営－30年先の視点から現在を捉える－』東洋経済新報社
PHP総合研究所（1993）『松下幸之助小事典』PHP研究所
藤田耕司（2016）『リーダーのための経営心理学』日本経済新聞出版社
松下幸之助（1988）『人事万華鏡』PHP研究所
松下幸之助（1990）『わが経営を語る』PHP研究所
松下幸之助（1991）『社員稼業』PHP研究所
松下幸之助（1992）『その心意気やよし』PHP研究所
松下幸之助（1999）『松下幸之助一日一話』PHP研究所
松下幸之助（2001）『経営のコツここなりと気づいた価値は百万両』PHP研究所
松下幸之助（2001）『実践経営哲学』PHP研究所

第Ⅱ章

パラダイムチェンジ時代の経営者及び経営人材に求められる3つの改革テーマ

はじめに：経営者及び経営人材に求められる３つの改革テーマとは

　VUCAの時代、企業が生き残るため、経営者及び経営人材にはどのような改革テーマが求められるでしょうか。それは次の３つです。

１．経営者及び経営人材キャリアビジョン改革
２．経営マネジメントスキル力改革
３．ホスピタリティコミュニケーション力改革

　経営者及び経営人材が変わらずして、従業員の改革意識が変わるはずがありません。いくら経営改革計画が素晴らしくても、それを実現に向けて実行するのは一人ひとりの従業員です。経営者及び経営人材の変革意識と行動力によって、従業員は大きく影響を受け、本気になって改革に取り組むことができるからです。経営者及び経営人材のキャリアビジョンに基づく日々の経営改革活動こそが、VUCAの時代の経営改革の要となります。

　また、企業経営は、日々生きています。色々な目的や問題、課題に対して対処し、解決し、経営し、より良い方向に進めていくために、経営者および経営人材に経営マネジメントスキルが求められます。

　そして、VUCAの時代にもいつでも経営者及び経営人材に必要なことは、対人コミュニケーション力をホスピタリティコミュニケーション力にアップすることです。相手の立ち位置にたち、相手も自分もハッピーと感じることによって相互信頼を築くことができるのです。

1．経営者及び経営人材キャリアビジョン改革

(1) キャリアデザインステップー1
　　自己モチベーター（自己の現状意識の基盤）分析
　まず、経営者及び経営人材キャリア形成ビジョンの土台を作る自己モチベーターを分析していきましょう。

　自己モチベーターとは、どの方向に自分のやる気が向いているかということです。これはあなたの今までの生活の中にも、必ず存在しているものなのです。ただ、それを整理していないがために「そうだ」と自分自身に言い切れないだけなのです。自分自身のモチベーションなどというものに特性はないというように思っているだけということなのです。自分のやる気の方向というのは、誰にもあるのです。それがうまくいかないとやる気を失うのです。

　ここで、自分のモチベーターを分析するために、次のページの「自己モチベーター要因分析シート」で自己評価をしてください。自分のやる気の方向がわかってきます。

　たとえば、1の「自分のペースでやりたいように生活を送っている」は、単純にそのまま自分自身の生活を自分のペースでやりたいように送っているかどうか、という質問です。よく当てはまれば5ないし4に「〇」をします。まったく当てはまらなければ1か2に「〇」をします。わからないとか、どちらともいえなければ3に「〇」をします。感じるままに順番に行っていけば、自己モチベーションの方向が明確になります。

自己モチベータ要因分析シート

現在の勉学やアルバイトなど、学生生活や社会生活の場面を思い浮かべてください。以下の項目について、該当すると思われる個所（数値）を○で囲んでください。

		よくあてはまる	←	どちらともいえない	→	全くあてはまらない

	内　　容			自己評価		
1	自分のペースでやりたいように学生生活を送っている	5	4	3	2	1
2	友人や仲間との交流を深めている	5	4	3	2	1
3	本を読む場合は、特定のジャンルに決まっている	5	4	3	2	1
4	今の勉強ぶりや生活状況を家族や友人によく話している	5	4	3	2	1
5	社会奉仕的な活動に参加している	5	4	3	2	1
6	将来の目標が明確にある	5	4	3	2	1
7	将来は、自分にあった仕事をしたい	5	4	3	2	1
8	将来、仕事をする上で最も大切なのは人間関係だ	5	4	3	2	1
9	将来は、特定の専門分野で自分の力を発揮したい	5	4	3	2	1
10	他人より抜きん出たいという気持ちが強い	5	4	3	2	1
11	将来は、社会貢献に直接繋がる仕事をしたい	5	4	3	2	1
12	与えられた課題や役割は最後までやり抜く	5	4	3	2	1
13	自分の納得しないことはやらない	5	4	3	2	1
14	家族や友人のために時間を割くことが多い	5	4	3	2	1
15	好きな分野の知識を高める為の努力は苦にならない	5	4	3	2	1
16	周囲の期待が高ければ高いほど頑張ってしまう	5	4	3	2	1
17	規則や社会道徳的なルールはよく守って生活している	5	4	3	2	1
18	自分のなすべきことがはっきりすると一生懸命取り組む	5	4	3	2	1
19	言いたい事は、遠慮なく言ってしまう	5	4	3	2	1
20	人に頼まれると嫌とは言えない	5	4	3	2	1
21	物事は分析的によく考えて判断する	5	4	3	2	1
22	人から誉められるとさらに意欲が湧く	5	4	3	2	1
23	責任感は強い	5	4	3	2	1
24	何事も結果が大切だと思っている	5	4	3	2	1

次に自己モチベーター要因分析シートで行った自己評価を、以下のようにそれぞれの合計値を計算し、それぞれの6つの項目の点数を出します。

設問1・7・13・19の自己評価点の合計値
〔　　点〕＝ プライベート（マイペース）志向

設問2・8・14・20の自己評価点の合計値
〔　　点〕＝ 人間関係志向

設問3・9・15・21の自己評価点の合計値
〔　　点〕＝ スペシャリスト（専門性）志向

設問4・10・16・22の自己評価点の合計値
〔　　点〕＝ 期待評価志向

設問5・11・17・23の自己評価点の合計値
〔　　点〕＝ 社会適応（社会性）志向

設問6・12・18・24の自己評価点の合計値
〔　　点〕＝ 目的志向

　そして、次のページの六角形のレーダーの点数のところにプロットし、マーカーまたは筆記用具で結ぶと、自身のレーダーチャートができます。要はやる気のレーダーチャート⇒ナビゲーションが出ます。
　次に、レーダーチャートの一番得点の高いところに1つだけ「○」をします。もし、2つ同得点のものがあれば、どちらか1つを選びます。一番得点の低いところには「△」をつけます。もし、2つ同得点のものがあれば、どちらか1つを選びます。
　「○」はあなたのコアモチベーターで、一番やる気と関係するものです。
　「△」はあまりあなたのやる気には影響を与えないものです。
　どれが良いとか悪いとかいうことではありません。データをじっくり見ると、あなたのやる気がどちらを向いているのか、よくわかってくるはずです。

経営者及び経営人材モチベーター要因分析レーダーチャート

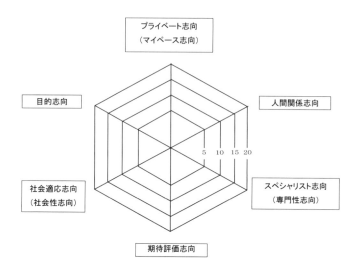

◆モチベーターによる自分に適した環境の理解

　人はそれぞれの考え方や価値観が違うように、自分自身の意欲ややる気を引き出すための要因（モチベーター：動機付け）が違います。困難なことの方がやる気が出る人もいれば、逆に困難なことからは、逃避したいと思う人がいます。人間関係よりも自分の目的を優先する人もいます。

　自分を活性化させるための要因を明確にし、そうした環境を自分自身でつくり上げていくのが、自己モチベーター要因分析による自己価値発見と創造の方法です。

　次に、各モチベーターの志向特性を説明しているので、よく自分の日常生活を振り返り、理解してください。

①	プライベート志向 (マイペース志向)	自己モチベーター（動機づけ）の要因は、自分自身の価値観や好き嫌い、合っている、合っていないなどの自己適性です。自分に合っていると思うことは、牽引モチベーターとなり、逆に合っていないと思うことは、モチベーターのブレーキとなります。
②	人間関係志向	自己モチベーター（動機づけ）の要因は、友人や家族、仲間との人間関係にあります。良好な人間関係を維持または構築するコミュニケーションや他人への配慮、チームワークなどが牽引モチベーターとなり、逆に人間関係を低下させる独りよがりの行動やわがままは、モチベーターのブレーキとなります。
③	スペシャリスト志向 (専門性志向)	自己モチベーター（動機づけ）の要因は、専門性や特殊性、他人との差別化にあります。自分の専門知識や専門スキルを有するための努力や特定分野で自分自身を成長させる要因が、牽引モチベーターとなり、逆に横並び意識、標準的な要因は、モチベーターのブレーキとなります。
④	期待評価志向	自己モチベーター（動機づけ）の要因は、友人や家族、仲間など、周囲からの期待や関心にあります。自分に対する周囲からの期待を感じたり、頼られたりすることが牽引モチベーターとなり、逆に周囲からの期待が低かったり、公平・公正な評価がなされないとモチベーターのブレーキとなります。
⑤	社会適応志向 (社会性志向)	自己モチベーター（動機づけ）の要因は、社会や地域、組織など、自分を取り巻く社会全体にとっての良し悪しにあります。社会貢献や道徳心の向上など、社会全体によって良いと判断できることは、牽引モチベーターとなり、逆に規則違反など社会倫理観からの逸脱行為などは、モチベーターのブレーキとなります。
⑥	目的志向	自己モチベーター（動機づけ）の要因は、将来に向けての目標や目的、自分に課せられた役割や責任です。自分の目標やなすべきことが明確になっていると牽引モチベーターが働き、逆に目的や役割が曖昧であったり、なすべきことの意識が不明確であると、モチベーターがマイナスに作用します。

◆各志向性の概略解説

　「プライベート（マイペース）志向」が高得点の場合、モチベーターの方向は自分自身の価値観にキーワードがあります。方向・価値が自分に合っているか、自分の価値観で動いていくとやる気が出る、ということです。好き嫌いも非常に強く、好きなことだけやって、嫌いなことはやりたくない、つまり本音の部分で自分にフィットしているか、していないかが重要になります。自己適性＝自分が何に向いているか確信があると、向いていることには徹底的やる気が出ますが、そうでないとどうもやる気がしないということになるでしょう。ですから、自分の好きなことや価値観というものは何か、というように徹底的に自問自答すれば、よくわかると思います。

　「人間関係志向」が高得点の場合、やる気の源泉が友人・家族・仲間です。こういう身近な人との人間関係が良好であればあるほど、とにかく頑張れるのです。周りに対する配慮力、いわゆる気配り・目配り・心配り、そういうことに非常にやる気が出ます。ところが、人間関係が崩れてくるとどうもやりにくくなって、やる気がしなくなってきます。したがってどういう仕事が向いているかというと、チーム・仲間でやる仕事です。いい仲間と仕事ができれば一番伸びていき、むしろ単独行動ではやる気が出ないということです。

　「スペシャリスト（専門性）志向」が高得点の場合、専門性や特殊性、他人と自分の違いというものに対して非常に敏感です。ですから自分が得意なこと、特殊なことに対して非常にやる気が出ます。何をやっても専門的になっていきたい、たとえばカラオケを歌うにも専門的に歌いたい、人が歌わないような歌を歌いたがるなど、ちょっと特異な考え方をします。しかし「あなたも一緒ですからみんなと同じです。こういうことをしてください。」というような環境下になると、自分の存在がどうもピンとこなくなり、やる気にブレーキがかかります。

　「期待評価志向」が高得点の場合、組織人としてはうってつけだと思います。その要因は、友人や家族、仲間などからの期待値が高ければ高いほど、頼られれば頼られるほど頑張れるのです。ですから上司あるいはお客様から頼まれたら、

とにかく寝食を忘れてやれるタイプです。ところが、期待をされてないと思ったとたんに「まぁ、いいか」とすぐに手を抜くことがあります。

「社会適応（社会性）志向」が高得点の場合、やる気の源泉が地域や組織、そういった自分を取り巻く社会全体にとって良いか悪いかで、良いことに対しては大変やる気になるのです。ですから不正など「おまえ、ちょっとやってくれないか」などといわれたら「絶対嫌です」といえるタイプなのです。要は周りにとって間違ったことはダメ、良いことをやっていきましょう、ということです。ボランティアとか社会貢献に対してモチベーションが上がります。このタイプはデータ上、日本人の中では一番少ないタイプのようです。

最後に「目的志向」が高得点の場合、自分のやる気の源泉、方向付けが将来に向けて確実な目標・目的、自分に課せられた責任というものが明確になればなるほど、それに向かって努力できるタイプです。これは今、企業、特に外資系の企業が一番求めているタイプです。国際化時代に必要な要件だといわれます。そういった意味で目標管理あるいは目標というものに対して絶えず追いかけていくような企業もしくは仕事、営業のような仕事がとても向いています。ですから目標が明確でなく、昨日も今日も同じ仕事のような場合、たぶんやる気がなくなります。

　自分がハイパフォーマンスだった時や、業績や実績を残せた時を振り返ると、やはり自分に「やる気」があったからできたのだ、ということがわかるでしょう。
　日常を振り返ってもそうです。やる気のあるときほどいろいろなことがテキパキできます。ところが日曜とか休みの日など目的がない１日は、右のものも左に動かせません。自分自身が重たくて仕方ありません。本当に体重がこんなにあったのかという印象を受けるくらい、やる気のある時は軽く、ない時は重いのです。やる気が出て、気分がのっているから頑張れるのです。

（２）キャリアデザインステップ－２
　　　コンピテンシー（自分の能力の基盤）分析
　次に、自分の能力の基盤であるコンピテンシー特性を分析してみましょう。コ

ンピテンシーとは日常習慣化されている考え方や、行動のことです。

　私たちは自分の価値感や過去の経験などから、「自分はこんな人間」という認識を抱いています。しかし、自分で思っている自分が本当に本質的な自分なのでしょうか。自己認識をしている自分と他人の目に映る自分に差異（ギャップ）はないのでしょうか。

　このギャップを解消するためには、身近な他人に自分を客観的に分析してもらい、より本質に近い自己の特性や価値を発見し、再活性化していく方法が極めて有効です。「他者鏡」を使った自己の思考・行動特性分析です。
　次のページの「経営者及び経営人材コンピテンシー特性分析シート①」で、自己評価と知人から、あなた自身を評価してもらいましょう。

　「経営者及び経営人材コンピテンシー特性分析シート①」の27項目について、該当すると思われる数値に「○」をします。そして、コンピテンシー項目の番号の「○」をつけた数値を足して、3で割って平均値を出し、小数第1位まで計算して「経営者及び経営人材コンピテンシー特性分析シート②」の平均点欄に記入します。その横の5段階評価のバーが該当する数値に「・」をプロットし、その「・」をつなげて折れ線グラフにしてください。次に、各項目のコンピテンシー評価欄に、計算した平均値の高い順から2つのコンピテンシー項目に「◎」を、平均値の低い順から2つのコンピテンシー項目に「△」をつけます。

　「◎」をつけたものが自己の強い（得意な）コンピテンシー項目になり、「△」が自己の弱い（不得意な）コンピテンシー項目となります。また、他者の評価が自己評価と著しく相違するものも、自己の弱い（不得意な）コンピテンシー項目となります。

経営者及び経営人材コンピテンシー特性分析シート　①

以下の項目について、該当すると思われる個所（数値）を○で囲んでください。

5→よくある　4→まあまあある　3→わからない・どちらともいえない　2→あまりない　1→まったくない

	内　容	自己評価				
1	何事にも率先して取り組む事ができる	5	4	3	2	1
2	自分で決めた事はつらい事でも精神的に前向きに取り組む事ができる	5	4	3	2	1
3	何事にも地道に粘り強く取り組む事ができる	5	4	3	2	1
4	自分の考えや思いを簡素明瞭に表現できる	5	4	3	2	1
5	相手に対し効果的な表現手段を用い関心を高める事ができる	5	4	3	2	1
6	これまでの習慣や既成概念にとらわれず、新しい切り口や視点で対応できる	5	4	3	2	1
7	より良い成果を得るために自分の考えや価値観に固執することなく異論にも耳を傾け対応ができる	5	4	3	2	1
8	相手の置かれた立場考えにも思いをめぐらせ共感を感じたり相手の心理的な変化や反応をくみ取る事ができる	5	4	3	2	1
9	困難や障害を克服するために思考をめぐらし仲間や組織の葛藤、対立に対応する事ができる	5	4	3	2	1
10	大切な事には傍観したり模様眺めになることなく自分自ら考え動く事ができる	5	4	3	2	1
11	常に開放的ではつらつとした態度バイタリティがある	5	4	3	2	1
12	自分に課せられた役割を果たすために途中で諦めたり手を抜いたりせず、最後まで自分のペースでやり抜く事ができる	5	4	3	2	1
13	よく人から話の構成や内容が論理的でわかりやすいと言われる	5	4	3	2	1
14	自分の考えを相手にわかりやすく説得できる	5	4	3	2	1
15	アイディアや発想が豊かで必要場面でそれらを表現・提示できる	5	4	3	2	1
16	自分の思い通りにならない事でもよく考え時間をかけて行動できる	5	4	3	2	1
17	人との関係において必要に応じ臨機応変に自分の考え行動を変える事ができる	5	4	3	2	1
18	集団でよく中心的な役割を担い周囲から賛同や理解を得る事ができる	5	4	3	2	1
19	チームや組織のためには苦手な事や嫌いな事でも進んで動く事ができる	5	4	3	2	1
20	自分の目標にはエネルギッシュに前進できる	5	4	3	2	1
21	一度決めた事は困難な場合でもコツコツ続けやり抜く事ができる	5	4	3	2	1
22	いつも声量や抑揚、早さ、間合いなど聞き手が受け入れやすい話し方を心がけている	5	4	3	2	1
23	自分と反対の意見の人にも冷静に自分の考えを伝える事ができる	5	4	3	2	1
24	いつも何か楽しい事や新しい事を考えるのが好きだ	5	4	3	2	1
25	人の意見が正しい場合は自分の考えと違っても積極的に参加し行動できる	5	4	3	2	1
26	いつも相手の気持ちや思いを考え、受け止め行動している	5	4	3	2	1
27	仲間や組織のためには全力で考え行動できる	5	4	3	2	1

経営者及び経営人材コンピテンシー特性分析シート　②

コンピテンシー項目	項目No. / 平均点	5	4	3	2	1	コンピテンシー評価
積極力	1・10・19						
活力	2・11・20						
持続力	3・12・21						
表現力	4・13・22						
説得力	5・14・23						
創造力	6・15・24						
柔軟力	7・16・25						
対人配慮	8・17・26						
統率力	9・18・27						

評価コメント

(3) キャリアデザインステップ－3
キャリアスキル（自己の実績の基盤）分析

　キャリアスキルとは、「キャリアスキルチェックシート」に示すように、今まで企業でいろいろな仕事に従事してきたわけですが、その仕事の内容、すなわち職務内容ないしは経験を振り返り、その仕事を行った経験年数、そして仕事によって会社に貢献したことやまた成果を、3つの基準で評価してみます。

　その自己評価のAランクとは、自分もまた他者から見ても評価できる内容です。Bランクは自分が評価できる内容、Cランクはまだまだ評価できないレベルです。こうしたことから分析し、仕事を通じて身につけた知識やノウハウやあるいは技術技能といったものを自己評価してみます。

　また、自己業務スキルチェックシートで今までに身につけた知識やノウハウ、技術技能をさらに他に活用できるかを考え、そのレベルが人に教えられるレベルなのか、また自分ひとりだけでできるレベルなのか、または人に教えてもらわなければできないレベルなのか十分に分析して認識し、今まで培ってきたビジネススキルを今後どのような方向に伸ばしていくのか決めることです。

経営者及び経営人材スキルチェックシート①

経営者及び経営人材スキル		人に教えてもらう		自分でできる		人に教えられる		プロのレベル	
		自己評価	他者評価	自己評価	他者評価	自己評価	他者評価	自己評価	他者評価
経営企画系	経営計画の立案								
	組織開発計画立案								
	年度経営方針の立案								
	業務改革・改善企画・推進								
	新規事業企画・推進援助								
	情報システム管理								
	情報機器管理								
	通信回線管理								
営業販売系	販売計画の立案								
	販売企画の立案								
	販売促進プラン立案								
	販売実務								
	販売管理								
	市場動向調査企画・実施								
	新規得意先開拓								
製造系	原価管理								
	生産管理								
	製品開発計画立案								
	品質改善								
	新商品開発								
	生産技術改善								
	プラント設備設計								
	設備導入計画立案								
	設備研究開発								

自己業務スキルチェックシート②

業務スキル		人に教えてもらう		自分でできる		人に教えられる		プロのレベル	
		自己評価	他者評価	自己評価	他者評価	自己評価	他者評価	自己評価	他者評価
製造支援系	品質管理								
	特許管理								
	品質保証								
	製品管理								
	産業廃棄物関連業務								
	物流管理								
	在庫管理								
	購買・発注管理								
	外注管理								
総務人事系	秘書業務								
	文書管理								
	備品・消耗品・車輛管理								
	建屋・設備管理								
	社会・労働保険手続き								
	安全衛生管理								
	福利厚生								
	行事企画・運営管理								
	IR・広報活動								
	採用計画立案・実施								
	人事管理								
	教育計画立案・実施運営								
経理系	財務管理								
	資金計画・調達管理								
	金銭出納管理								
	予算計画・利益管理								
	債権管理・与信管理								

(4) キャリアデザインステップ−4
　　キャリア人脈分析

　今まで付き合ってきた知人、友人、取引関係や先輩、親族などいろいろな交友関係は誰もが持っています。ここでは、そういった今までの人脈と内容を振り返り、今後のキャリアにどう役立てていくのか、分析していきます。

　次の「キャリア人脈アセスメントシート」にあるように、まず対象者の勤務先や関係先、交友関係をよく分析することです。そして、この関係が仕事を通じて得た関係なのか、学校・学園でのことなのか、また血縁関係なのか、あるいは趣味で知り合った人なのかを分析し、交友関係の意味を具体的にすることです。つまり何のために、どういうことで付き合ってきたかということです。そして、その交友関係の内容をもう一度評価し直すことです。
　たとえば、信頼でき保証人になってくれる付き合いなのか、あるいは相談にのってくれる関係なのか、または必要なときのみの関係なのか、そして知っている程度なのかをよく分析し、今後重要な人脈か判断します。

キャリア人脈アセスメントシート

対象者氏名			
企 業 名			
所属・役職			
交友期間	年　月　～　年　月 （通算約　　　年）	年　月　～　年　月 （通算約　　　年）	年　月～ （通算約
関係性	A：仕事縁 B：学縁 C：血縁 D：趣味縁	A：仕事縁 B：学縁 C：血縁 D：趣味縁	A：仕事縁 B：学縁 C：血縁 D：趣味縁
交友内容			
交友程度	A：保証人になってくれる B：相談にのってくれる C：必要時のみ D：知っている程度	A：保証人になってくれる B：相談にのってくれる C：必要時のみ D：知っている程度	A：保証人に B：相談に C：必要時の D：知ってい
今後の方向			

(5) キャリアデザインステップ－5
　　キャリアビジョン（自己のキャリア形成目標）のつくり方
　私たちが何かをしようと思って判断するとき、あるいは人生の岐路に立たされたとき、漠然と「何となくしたいと思うこと」「何となくできそうな方」を選択してしまいがちです。しかし、自分にとって「本当にしたいこと」「本当にできること」「これからしなければならないこと」は厳密には違い、これらを自分自身で掘り下げ、追求し、明確に自己認知しておくことは、自己の本質的な価値を発見する上でとても重要なことです。

◆Will-Can-Must法によるキャリアビジョン形成

　そこで、意識の基盤のつくり方、能力の基盤のつくり方、実績の基盤のつくり方を十分に考え、「Will-Can-Mustシート」でキャリア形成ビジョンを設計します。

　【Will】とは、「何がしたいのか」を将来の自分にむかって問うことです。
　【Can】とは、「何ができるか」を過去の自分にむかって問うことです。
　【Must】とは、WillとCanを徹底的に自己創造・自己分析した上で、
　「今すべきこと、やらなければならないこと」を現在の自分に問うことです。

　そして「Will-Can-Mustシート」でキャリア形成ビジョンの設計ができたら、キャリアビジョンのテーマごとに、「自己キャリアビジョンPDCA」シートを使って、PDCAサイクルを考えてみましょう。PDCAとは、計画（PLAN）→実行（DO）→進捗のチェック（CHECK）→今後の対策（ACTION）→そしてまた計画（PLAN）…という一連の流れのことです。

記入シート及び記入例

	具体的な内容	根拠や理由
【Will】 将来何が したいのか		
【Can】 自分は何が できるのか		
【Must】 今、何をしなければ ならないのか		

1．将来に向けて、自分のWillに対する思いの程度や強さは？
2．自分の持つ資源や価値（Can）を最大限活用するためには？
3．将来ビジョンに向けて足りないことは、今からやらなければならないことは？

2．経営マネジメントスキル力改革

　経営者・経営人材として経営マネジメントスキルは、企業経営いつでもどこでも誰に対しても必要で重要なスキルです。経営は、日々生きています。色々な目的や問題、課題に対して対処し解決し経営より良い方向に進めるために経営人材に最も求められるスキル力です。経営人材としてまず自己分析し、自己評価し、自己改革するテーマを明確にして、具体的にスキルアップする心構え、意識、そして方法を自ら考え研究し、学習し、修得しなければなりません。

　経営マネジメントスキル力の改善、向上こそ経営改革に最も必要なスキル力と言えます。まず、次の経営マネジメントスキル力分析シート及びレーダーチャート分析により十分自己チェックし、評価し経営人材としての経営マネジメントスキル力の状況を理解し、改革改善し、課題について具体的目標と実践計画を立て、実行し再評価して下さい。

　そして、経営マネジメントスキル力の分析評価をもとに、「経営マネジメントスキル力改革シート」にまとめて研究し実行することをおすすめします。

経営マネジメントスキル力分析シート①（他者から部下指導の現状分析としても使用）

_____殿

	項目	3	2	1	0	コメント
①リーダーシップ力	目標達成への意欲と気迫をもっているか					
	目標達成への方針と計画はきちんと立てているか					
	管理の知識と能力は十分にもっているか					
	部下のやるべきことに対し、模範を示しているか					
	強い責任感と行動力があるか					
	部下の向上を願って努力をしているか					
	口出しや手出しなどはできるだけ控えているか					
	常に相手の立場に立って物事を考えているか					
	自分の意思、方向を持ち、グラグラ迷っていないか					
	部下を公平冷静に評価しているか					
	○ の 合 計					
②コミュニケーション力	業務の目標、方針を的確に部下に伝える表現力はあるか					
	命令、報告などのコミュニケーションの原則を身につけているか					
	相手によって言葉、話し方、話題などに幅をもっているか					
	いざというときに人前で自分の思っていることを話せるか					
	上下、左右のコミュニケーションを十分にとっているか					
	伝え方が不味いため失敗はないか、繰り返していないか					
	人の話をじっくりと聞くことができるか					
	自分のペースに巻き込んで相手を説得できるか					
	手紙、文書、報告書をこまめに書いているか					
	コミュニケーションの大切さを十分認識しているか					
	○ の 合 計					
③目標思考力	常に長期、短期の目標を立てて挑戦しているか					
	目標を達成したら、すぐ次の目標を立てているか					
	将来を予測する努力をしているか					
	目標や方針を達成する為に、具体的な計画を立てているか					
	会社の目標や方針に疑問を持っていないか					
	公私にわたって計画的な生活をしているか					
	口先だけの目標意識だけではなく行動が伴っているか					
	努力しなければ達成できない高い目標を立てているか					
	部下にも目標をもたせる努力をしているか					
	目標の管理方法を深く考えているか					
	○ の 合 計					

経営マネジメントスキル力分析シート（つづき）②

_____殿

	項目	3	2	1	0	コメント
④部下管理力	部下の能力に応じた仕事の割当を考えているか					
	部下一人ひとりの長所と短所を正確につかんでいるか					
	難しい仕事、嫌な仕事は積極的に引き受けているか					
	部門のチームワークは良いか、また良くする努力をしているか					
	適切な権限委譲を行っているか、任せっぱなしになっていないか					
	部下からの報告や連絡は十分か、チェックをきちんと行っているか					
	部下に頼られようとするあまり、甘えに繋がっていないか					
	自分がやりすぎて、部下が働きにくくなっていないか					
	結果について、すべて自分で責任を取るようにしているか					
	他課との連絡を積極的に取り、調整しながら遂行しているか					
	〇 の 合 計					
⑤部門管理力	担当業務全般に対する知識は十分か					
	現状を正しく把握しているか					
	情報を正しく取捨選択する能力はあるか					
	適切な意思決定をタイミングよく行っているか					
	ヒト、モノ、カネ、情報の管理は十分か					
	業務全般が早く正しく遂行されるようにチェックしているか					
	上司、経営者に対して建設的な意見や企画を出しているか					
	取引先や関係者との折衝を前向きに行っているか					
	人との折衝において情報は安定しているか、感情的にならないか					
	決断したことを実行に移し、粘り強く継続しているか					
	〇 の 合 計					
⑥部下指導育成力	部下の問題意識を引き出し、意欲を持たせるようにしているか					
	部下の能力、適正などを正しく評価し、良い方向へ導いているか					
	部下の長所、短所を正しくつかみ、本人に伝えているか					
	マンネリ化しないように刺激しているか					
	達成すべき目標を明確にし、達成できるように配慮しているか					
	ＯＪＴを積極的に行っているか					
	権限委譲により部下が能力を発揮できるよう努めているか					
	優秀な部下を抱え込むことなく、全体の為に力を放出しているか					
	部下との接触を計画的に実施しているか					
	部下を叱る場合、タイミングなどを十分に考慮しているか					
	〇 の 合 計					

経営マネジメントスキル力分析シート（つづき）③

	殿					
	項目	3	2	1	0	コメント
⑦人間的魅力	仕事に対して、あるいは人生に対して真剣に取り組んでいるか					
	色々な物事に対して造詣が深いか					
	いつも変わらぬ明朗さとユーモアがあるか					
	いつも落ち着いた態度の情緒安定感があるか					
	人の話を熱心に聞く謙虚さがあるか					
	人を裏切らず、安心して付き合える人か					
	神経は緻密であっても、あまり些細なことにこだわっていないか					
	絶えず勉励努力する向上心を持っているか					
	自分を魅力的にするための努力をしているか					
	知れば知るほど深みのある人間であるか					
	○ の 合 計					
⑧自己革新力	明確な目標をもって勉励努力しているか					
	マンネリ化しないように具体策をもって取り組んでいるか					
	好奇心が強く、未知の物事に前向きに取り組んでいるか					
	気分転換がうまく、頭の切り替えができるか					
	体力や能力の限界に挑戦するようにしているか					
	日々、自分を駆り立てる動機付けができるか					
	自ら困難なものに取り組んで感動を求めているか					
	毎日、反省する時間をとって自己充実を図っているか					
	自分の将来に対し、積極的にお金をかけているか					
	計画的、継続的に自己啓発に取り組んでいるか					
	○ の 合 計					

ポイント：
経営マネジメントスキル力は、自己分析だけでなく他者からの分析を客観評価とし、相対的な分析をしなくてはなりません。下記シートに準じ自分のマネジメント力を分析してもらいます。評価者は無記名とし、自分と部下と同僚にしてもらいます。

〈経営マネジメントスキル力分析シート記入方法〉

◆点数の付け方　当てはまる欄に○を付け、①〜⑧の各項目の点数を集計してみましょう。

　　3…できている
　　2…少しできている
　　1…あまりできていない
　　0…全くできていない

◆コメント欄には、とくに期待すること、求めること、メッセージなど自由に記入しましょう（上記項目でなくても構いません）。

経営人材マネジメントスキル力自己診断レーダーチャート

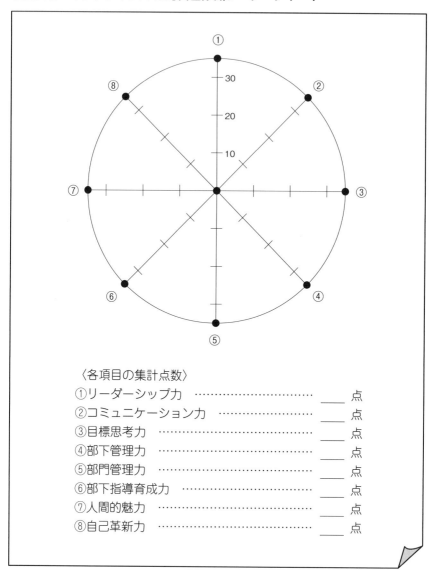

〈各項目の集計点数〉
①リーダーシップ力 ……………………………… ____ 点
②コミュニケーション力 ………………………… ____ 点
③目標思考力 ……………………………………… ____ 点
④部下管理力 ……………………………………… ____ 点
⑤部門管理力 ……………………………………… ____ 点
⑥部下指導育成力 ………………………………… ____ 点
⑦人間的魅力 ……………………………………… ____ 点
⑧自己革新力 ……………………………………… ____ 点

経営人材経営マネジメントスキル改革シート

経営マネジメントスキル改革テーマ	改革目的	具体的方法	チェック＆評価方法	いつ、またはいつまで
リーダーシップ力				
コミュニケーション力				
目的思考力				
部下管理力				
部門管理力				
部下指導力				
人間的資本力				
自己革新力				

3．ホスピタリティコミュニケーションスキル力改革

（1）ホスピタリティコミュニケーション力のイメージ

経営人材を左右するホスピタリティコミュニケーションとは次の図のように、経営人材として"相手の立場に立ち"「この人は今どのように感じているのだろうか」「何をしてあげれば良いのか」「どうしたら喜んでもらえるのか」など、他者に対して『目配り』『気配り』『心配り』をして思いやりを持ったホスピタリティマインドをベースに思いやりのある礼儀正しい、好印象を与えるコミュニケーションスキルを身につけ、パフォーマンスすることです。

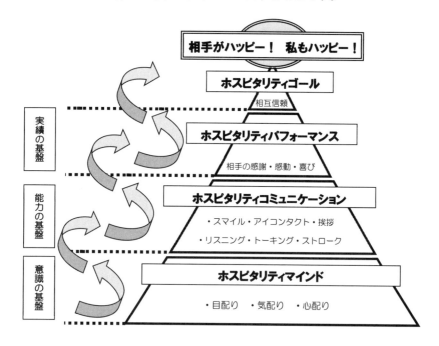

そして、このホスピタリティコミュニケーションパフォーマンスは相手がハッピーと感じその結果、自分もハッピーと感じ、互いに信頼関係を築くことができます。このホスピタリティコミュニケーションこそ経営人材に最も求められるスキルです。そしてさらに周囲の人々までもハッピーにするスパイラル力を持っています。

ホスピタリティマインド（思いやりの心）や礼儀作法、敬語などはまさに日本

の伝統文化であり、最も日本人らしさを表したものと言えます。時代や環境がどの様に変わろうが、人間は思いやりのあるコミュニケーション（ホスピタリティコミュニケーション）によって互いの理解を深めて信頼に基づいた関係を築いていきます。どんなキャリアを積もうとホスピタリティコミュニケーションによって全てが左右されるため経営人材にとって最も重要な経営マネジメントスキル力と言えます。

（2）ホスピタリティコミュニケーションの目指すもの
〜あなたがハッピー、私もハッピー〜

「やさしさ、思いやり」または「相手の立場に立った言動」は、ゴールではありません。目指すゴールは、「あなたがハッピー、私もハッピー」を手にすることです。つまり『相手が幸せを感じ、その幸せによって自分も幸せを感じる』ことです。

人と人の関係は鏡のようなものです。経営人材として自分がよい思いをしても、相手が不快であれば、よい関係は構築できません。例えば、「親切」が「おせっかい」となるのは、「自分がよいと思うことが相手の望むことではない場合」に起こります。「おせっかい」はした側は満足しても、相手にとっては迷惑になります。「おせっかい」を「親切」に変えるには、相手が望むことを把握することが必要です。「親切」な行動は、相手から心からの「ありがとう」をもらえます。「おせっかい」では、心からの「ありがとう」はもらえません。相手から笑顔で心からの「ありがとう」をもらったとき、自分も心からハッピーになることができるのです。

そして、人からもらったハッピーは、また他の人にもあげることができるのです。ほんの小さなことでも、相手のことを思って、相手が望むことをしてあげるならば、「ホスピタリティスパイラル」を起こすことができます。

（3）ホスピタリティマインドの内容とポイント
〜相手に伝えるマインド〜

ホスピタリティは相手に対する「やさしさ、思いやり」というマインドが大切です。中心となるのは「マインド＝心のあり方」ですが、それを積極的に相手に

伝えなければ、「やさしさ、思いやり」の心は伝わりません。

そして、ホスピタリティマインドを支えるのは、「相手は尊敬すべき対等な人」という尊い意識です。一方的に奉仕する関係でなく、「相手と自分は対等かつ平等であり、自分からできることをする」という意識です。自己犠牲の上には、「互いのハッピー」はありません。相手がたとえ嬉しくても、自分も嬉しくなければホスピタリティとは言えません。

大きなことをするのではなく自分に無理のないことを、言葉を伴って行動にして伝えていきます。ほんの一言、ちょっとした心遣いの態度がホスピタリティマインドを伝えることになります。

相手の立場になり、相手がうれしいことを自分のできる範囲で、無理なく続けていきましょう。そうすれば、相手と自分の素敵な笑顔に出会えるはずです。

（4）ホスピタリティコミュニケーションのポイント
～目配り、心配り、気配りの大切さ～

経営人材としての「目配り」とは、「意識をもってよく見ること」です。人は何らかのメッセージを発しています。急ぎの用事があれば時間を気にし、退屈してくれば視線は相手から他のところに移ります。嫌なことがあれば眉間にしわがよるなどのけげんな表情になり、嬉しいことには笑顔になります。普段は何気なく見ている相手のアクションや表情も、相手のメッセージを受け取ることを意識することにより、多くのことが伝わってきます。

このように、相手をよく見、観察することが、「目配り」です。相手を思いやる心はまず相手を良く見る「目配り」が大切です。

「心配り」とは、「相手の状況を受け取り、相手のためになるように心を働かせること」です。具体的には想像することでもあります。例えば、お年寄りが他のお店で買い物をして、多くの紙袋を持って来店されたとしたら、「多くの紙袋を持つのは、大変でしょう。一つの袋にまとめれば、きっと持ちやすくなる」と思うことが「心配り」です。

つまり相手が良くなること。相手のためになる事を考え行動することが「心配り」です。

「気配り」とは、「一つ一つのことに細かく気を使うこと」です。「気配り」の

一つ一つのことに細かく気を使うとは、単に注意を払うことだけでなく、何かをしたり言葉をかけるときに、「本当にこれでよいか。相手がうれしいためには、他の方法もあるのではないか」と考えることでもあります。お年寄りの手持ちの荷物をまとめる場合でも、単に大きな袋にまとめればよいということではなく、「いくつかに分けて両手でバランスよく持ったほうがいいかもしれない」と考えることが、「気配り」です。

（5）ホスピタリティコミュニケーションワード
〜アイメッセージとユーメッセージ〜

アイメッセージとは、「私は〜」と「自分＝一人称」を主語にして伝える表現方法です。ユーメッセージとは、「あなたは〜」と「あなた＝二人称」を主語として相手に伝える方法です。あなたは相手に行動を促したいとき、または相手をほめたいときに、どのように表現していますか？

例えば、提出期限を過ぎても書類を提出してくれない同僚がいるとします。その時、「提出してくれると助かります。待っています。」と伝えるのがアイメッセージです。一方「どうして提出してくれないの？」と伝えるのがユーメッセージです。ユーメッセージはストレートに強く相手に伝わります。さらに、ユーメッセージは言い方によっては、決めつけや相手に原因を追求する言葉にもなります。ユーメッセージでは、相手そのものがダメというメッセージになりますが、アイメッセージならば、そう判断しているのは私であって、他の人は嫌いでなく好きなのかも知れないという余地を残しながら伝わることもあるからです。

経営人材としてどのくらいアイメッセージを使っているでしょうか。アイメッセージは人を動かすメッセージです。ホスピタリティを発揮して人と接する場合には、基本は「アイ（愛）メッセージ」です。

（6）ホスピタリティコミュニケーションの定義

ホスピタリティコミュニケーションの定義をまとめると以下のようになるでしょう。

・あなたがハッピー、私もハッピーの実現
・目配り、心配り、気配りの実現

・おもてなしの心、ホスピタリティの表現
・誠実、笑顔、挨拶、正確さの表現
・お客様との約束事の実行と実現
・機能面の約束と情緒のサービス水準の実現

(7) ホスピタリティコミュニケーションを円滑に進めるための基本

では実際、どのようにすればホスピタリティコミュニケーションを円滑に進めることができるでしょうか。その基本は次のとおりです。

✔経営人材として自ら積極的に相手に関わっていこうとする姿勢

ホスピタリティコミュニケーションは、自分と相手との関係の間に存在しますが、受身ではホスピタリティコミュニケーションはうまく行きません。自ら進んで会話を持ちかけたり、自分の気持ちや考えを相手に提供することが大切です。自分の一生懸命さや熱意が相手に伝わってこそ、ホスピタリティコミュニケーションはうまくいくのです。

✔経営人材として相手の立場で考える

自分の考えや意見を率直に相手に述べることは大切ですが、自分の都合だけを考えてばかりでは良好な関係はつくれません。相手に対する思いやりや相手の立場で考えることが重要です。

✔経営人材として素直な姿勢

「ありがとうございます」というように、相手から意見や助言を受けた場合には、素直に自分の気持ちを言葉にして相手に返すことが大切です。

✔経営人材として状況に合わせた柔軟な対応

この問題はこうすべき、あの人の考え方はこうに決まっている、などと固定概念や先入観は排除しましょう。対人関係は、刻一刻と変化しつづけているので、状況や事実に合わせた柔軟な対応を心がけることが大切です。

✔経営人材として目的や内容に応じたホスピタリティコミュニケーション手段の選択

最近は、メールやLINEでの情報交換や意見のやり取りが頻繁に行われていますが、重要な依頼事項やちょっとした報告も区別せずに全てメールやLINEで済

ませてしまうという傾向があります。重要事項は、直接出向いて対話する、簡易事項であればメールを活用するなど、ＴＰＯ（時間、場所、目的）に応じてホスピタリティコミュニケーション手段を選択することが必要です。

　経営人材として重要なホスピタリティコミュニケーションは、情報の伝達だけでなく、気持ちの伝達があって初めて本当のホスピタリティコミュニケーションと言えることを忘れてはなりません。

（8）相手の心を開かせるホスピタリティリスニング
①ホスピタリティリスニング（思いやり傾聴）とは

　「話すこと」と「聞くこと」ではどちらが難しいでしょうか。「私は話すのが苦手で…」というのをよく耳にしますが、「聞くのが苦手」という事はあまり聞いたことがありません。しかし、聞くのは簡単だと思っていたら、それは大間違いです。上手に聞くことのほうがはるかに難しいのです。なぜなら、人の話をただ黙って聞いているだけでは、本当に聞いていることにはならないからです。

　「聞く」というホスピタリティコミュニケーションは、相手が何を考え、何を感じているか、そしてそれはなぜなのかを「正確に理解」してはじめて聞いたことになるからです。「聞き上手」な人は、相手の話を聞きながら、タイミングよく相槌を打ったり、表情豊かに反応を示すので、話し手は気分良く本音を語ることができます。そして会話の後には、「自分の考えを十分理解してくれた」と満足し、また何かあったらこの人に聞いてもらいたいと思うものです。そうした経営人材として「聞き上手」になるための方法をホスピタリティリスニング（思いやり傾聴法）と言います。

②ホスピタリティリスニングの５つのポイント
　✔批判的にならない

　ものの考え方や価値観は多種多様で人によって異なります。自分の考えや価値観に固執して聞いていると、「それはおかしいよ」「僕はそうは思わない」などと、つい否定的なことを口にしてしまいます。こうした聞き方をしていたら、相手は話す気を失ってしまうでしょう。自分の固定概念や考えといった基準を一度取り去り、まずは相手の話に素直に耳を傾けることが大切です。

✔言葉の裏にある相手の気持ちまで聞く

　相手がどんな内容の話しをしたか（何を言ったか）だけでなく、その話しの背景や本音の気持ち（なぜ自分に言ったのか）までよく洞察しながら話を聞くことが大切です。言葉に表現された内容は、相手の言いたいことのほんの一部分にしか過ぎません。「何を言ったか」だけではなく、「なぜ言ったのか」がホスピタリティコミュニケーションでは重要なのです。

✔質問などを通じて確認する

　自分の思いや言い分を100％言葉に置き換えられる人はいません。適切な言葉が見つからなかったり、言葉足らずであったり、言い間違えてしまうこともあります。そのために、非言語で言語を補完しながら、相手に伝えようとしますが、それでも不十分なのが我われの日常行っているホスピタリティコミュニケーションです。したがって、相手の話しで不明確な点や分からないところ、言語と非言語でギャップを感じたら、話しの腰を折らないように注意しながら、質問をして確かめることです。

✔会話の節目や終わりには経営人材としの自分の考えをフィードバックする

　真摯な態度で相手の話しに耳を傾けることは、経営人材としての聞き手の重要な姿勢です。でも、ただ黙って聞いているだけでは一方通行になってしまい、本当のホスピタリティコミュニケーションとは言えません。相手は、自分の話しを理解してくれたのか、理解していないのかが分からず、不安になります。したがって、経営人材として相手の話しが理解できたと思ったら、話の要点をまとめて賛意を言葉で表すなり、自分の言葉に置き換えて相手に伝えることが大切です。そうすれば、相手は理解してもらえたことが確認でき、安心して会話を続ける事ができるのです。

✔非言語（言葉以外のメッセージ）を相手に送る

　話の合間や要所要所で非言語を用いて、経営人材として真剣に相手の話を聞いていること、理解していることを伝えていくことが大切です。相手は、こうした態度や姿勢で、経営人材としての積極的な傾聴姿勢を見て取るはずです。一生懸命聞いてくれる人には、話し手も一生懸命話すことができます。

〈ホスピタリティリスニング実践の7つの手法〉

1）アイコンタクト

アイコンタクトとは「視線の一致」のこと。視線の合わせ方や時間の長さで相手がどれだけ好意的に話を聴いてくれているかがわかる。やわらかい視線で相手を見ながら聞く。

2）相づち

相手の話の内容に同意したり、共感したときにはその気持ちをはっきりと表す。「うなずき」や「なるほど、そうですね」といった言葉で共感を示す。

3）繰り返す

相手が最も伝えたいことや重要な内容については、「〜ですね」と相手の言葉を繰り返し、話を受け止めているということを相手に伝える。

4）言い換える

「〜という意味でよろしいのでしょうか？」と、相手が言ったことを自分の言葉や解釈に置き換えて確認する。

5）時々、質問する

ただ一方的に聞いているだけでなく、不明な点やわかりにくかった点については、必ず確認の質問をして理解を深める。

6）話の腰を折らない

話の途中で口をはさんで、話し手が変わってしまうことがよくある。こうした場合、相手は言い足りない不満を残してしまうので、相手の話は最後まできちんと聞き、話の腰は折らないよう注意する。また、話し手の考えを先読みして、先に言わないようにするのも相手に対する配慮である。

7）注意をそらさない

聞きながら、話し手以外のところに視線を送ったり、時計に目をやったりすると聞いていないと思われたり、話を早々に切り上げたいと思われる。

（9）自分の考え・思いを伝えるホスピタリティトーク
①経営人材としてのホスピタリティトークとは

　経営人材としてのホスピタリティトークとは自分の考えや思いを真剣に感情をこめて、相手にわかりやすく理解しやすい方法で話すことです。相手と話すときは自分の意思が伝わるように適切な言葉、語彙を選んで話すことが大切です。相手の性別・年齢・教養・立場・性格などにより、相手に通じる話し方（ホスピタリティトーク）をしなければ、話したことがかえって誤解を招き、意図することと全く反対の結果をまねくことがよくあります。ホスピタリティトークとはこうした諸条件をよく考え、相手の理解と信頼を得ることができる話し方です。語彙、敬語、態度、マナーなどあらゆることを意識して行う話し方です。

②ホスピタリティトーク法のポイント

　話をすることは、人間関係をつくる最も重要なことですが、話は話をする人と聞く人がいて成り立つものです。ちょっとしたひと言によって、人の心は変化します。そしてその変化は、その話をした人に対する好き嫌いの感情へストレートにつながっていきます。

　自分の話し方に気をつけて、心配りの行き届いた話し方が大切です。

〈ホスピタリティトークのポイント〉

- ・相手とのアイコンタクト　・言葉の内容に注意する
- ・明るい言葉を使う　　　　・敬　語
- ・専門用語は避ける　　　　・外来語に注意
- ・本音で話す　　　　　　　・相槌をチェックしながら話す
- ・終わりの言葉を丁寧にする

(10) ホスピタリティコミュニケーションの自己診断と改革

　経営人材は、自分のホスピタリティコミュニケーション力はどれくらいなのかと知る必要があります。そこであなたのホスピタリティコミュニケーション力をセルフチェックするため、「対人関与力」「聞く力・観察力」「話す力・表現力」の3項目からなる、レーダーチャートを作りましょう。そして、経営人材として自己診断の結果を分析評価し、改善改革について経営人材ホスピタリティコミュニケーション改善改革シートにまとめましょう。

◆ホスピタリティコミュニケーション力セルフチェック

　次に各カテゴリー毎10つ簡単な質問が、計30問あります。自分の日頃を振り返って、比較的当てはまる質問項目には〇、どちらかと言えば当てはまらない質問項目には×をつけてください。30問すべてチェックし終えたら、各カテゴリーの質問項目1～10（対人関与力）、質問項目11～20（聞く力・観察力）、質問項目21～30（話す力・表現力）の〇印の数を数え、それぞれの小計欄にその数値を記入してください。

ホスピタリティコミュニケーション力分析シート

	質問内容	
1	人と会う時は、笑顔で接するように心がけている	
2	知らない人から声をかけられる事がある	
3	一人暮らしは苦手である	
4	一人で食事をしたり、遊ぶことはない	
5	初対面の人には、気に入られるような振る舞いを心がけている	
6	どんな相手でもまめに連絡や相談をするほうだ	
7	一人でいる仲間を見ると放っておけない	
8	メールチェックは頻繁に行い、必ず返信をする	
9	接客や来客応対は好きなほうである	
10	自分は人間好きである	
	質問1〜10の○印の小計	
11	話し声は大きいほうである	
12	長電話をよくしてしまう	
13	会話がはずみ、時が経つのを忘れることがある	
14	人前で話すのは苦にならない	
15	みんなで語り合ったり議論をするのが好きだ	
16	相手が留守の場合でも、伝言は必ず残す	
17	人が話している途中でも、必要に応じて話をまとめたり整理する	
18	あまり親しくない人でも、自分の事を良く知っているということがある	
19	職場や学校など、仲間の中では目立つほうだといわれる	
20	ジェスチャーを交えながら話すことが多い	
	質問11〜20の○印の小計	
21	強く自己主張することはない	
22	親しみやすい人だと言われることが多い	
23	人の相談に乗ることが多い	
24	年上や目上の人に可愛がられるほうである	
25	議論などでは、言い負かされてしまうことがある	
26	その場の雰囲気やムードを大切にする	
27	相手の気持ちを考えながら話をする	
28	争い事は嫌いなほうだ	
29	周囲からの評判が気になる	
30	相手が感情的になったときは、自分の言い分はとり下げる	
	質問21〜30の○印の小計	

ホスピタリティコミュニケーション力自己診断レーダーチャート

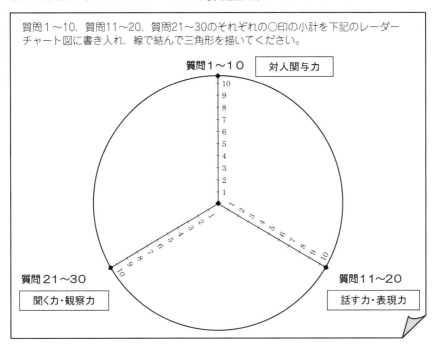

◆診断結果

　ホスピタリティコミュニケーション力の自己採点の結果について、以下の内容を参考にして自分のホスピタリティコミュニケーション力の特性を理解しましょう。

	点　数	診断結果
対人関与力	1～4点	人と一緒にいるより一人でいたほうが良く、自分から人と関わっていくのが苦手。相手からのコミュニケーションを待っているのではなく、自分から進んで輪を広げていくように心がけること。
	5～7点	人と標準的な関わりが保てる。ただし、親しい友人など、限られた範囲でのコミュニケーションに偏ってしまう場合があるので、違った分野や価値観の人と交流を図り、視野を広げること。
	8～10点	他人に対する関心度が高く、誰とでも関わっていたいタイプ。交友関係も広く、誰とでも仲良くしていこうとする。ただし、周囲から八方美人的な誤解を受けないよう注意が必要。

話す力・表現力	1〜4点	自分の意見を素直に述べたり、表現するのが苦手で、自分の頭の中だけで会話してしまう。相手に伝えたいことを事前に整理して、自信を持って自己表現するよう心がけること。
	5〜7点	場の雰囲気や相手によって、きちっと話や自己表現ができる。一方的に自分の考えを伝えるのではなく、相手とバランスよく、言葉や表現のキャッチボールができる。
	8〜10点	積極的に自分の考えや主張を相手に伝えることができる。言葉や表現方法も巧み。ただし、相手のことを考えずに自分の意見ばかりを述べてしまう場合もあるので、相手がどう感じているかを考えながら話すようにすること。
聞く力・観察力	1〜4点	相手の話を聞いているつもりでも、聞き流していたり、他のことを考えている場合が多い。まず、相手の言葉や話を最後まで良く聞き、受け止めるように心がけること。
	5〜7点	基本的に相手の話をきちんと正確に聞くことができる。言葉を正確に受け止めることができるので、相手がなぜ今、この話をしてきたのか、その理由や背景を洞察しながら聞くようにすると、聞く力や理解力が更に高まる。
	8〜10点	相手の言葉や表情から、相手の気持ちや感情まで洞察できる聞き上手。今後は、話の感想や自分の考え方を相手にフィードバックすることで、さらに良い関係づくりが期待できる。

経営者・経営人材ホスピタリティコミュニケーション改善改革シート

社会コミュニケーション要素	点数	改善ポイント	改善方法
対人関与力			
聞く力・観察力			
話す力・表現力			

第Ⅲ章

経営理念・方針・目標を浸透させ、全社的営業力を開発するために

1. 経営理念・方針・目標浸透化
～理念の浸透なくして組織力の向上なし～

Keyword:
～企業理念の理解・浸透と自己行動指針～

　会社には「企業理念」「社訓」「社是」といったものが存在します。それらは、会社が経営活動をしていく上での経営思想であったり、経営哲学であったりするものです。いわゆる企業としての存在意義の基盤をなすものです。現在の企業において、そこで働く社員たちは、自らの組織活動の根源ともいえるこれらの理念の意味や本質を理解しているのでしょうか。難しい言葉や古い言葉で表現されていることもあって、残念ながらそうでないのが現状であると感じます。

　このような環境の中で、社員たちは自分の本来の仕事の役割や組織の役割を正しく理解することができるのでしょうか？指示されたことやマニュアルに書かれたことをロボット的に"こなす"程度の職務遂行になってしまうのではないでしょうか。それでは、本来の組織活動に求められる自主的で付加価値の高い職務遂行につながりません。つまり、組織の力は限られ、全体のパワーアップなどはとても期待できないということです。

　近年、企業では「人材の育成」というテーマが重要視され、日々教育・研修に力を入れ取り組んでいます。しかし、企業の中の組織人として育成していくためには、組織活動の基礎となるこれらの経営理念等を理解しなければ、単なる仕事こなしのためのテクニックやスキルを教えているにすぎず、企業人としての総合的なレベルアップにはつながらないと感じます。

　今後のすべての組織活動の根源となる「経営理念」の正確な理解・浸透により、全社員一人ひとりが責任感と自覚をもつ風土・組織体質へ成長させることが大切です。

基本Step:

企業理念を理解させる基本ステップ

ステップ1

トップ層による各理念の講義			
経営理念	経営方針	経営目標	事業目標
組織理念	人材理念	マネジメント	行動原則

フォーマットに基づく自作業

ステップ2

各テーマの理念内容の整理と自己行動指針のまとめ

ステップ3

【グループディスカッション】 ・理解度の確認 ・方向性の確認 ・自己行動指針の確認	【再整理・調整】 ・期待度の確認 ・行動指針の見直し

ステップ4

経営理念理解・整理完成	自己理念行動指針書作成
上記2テーマの全体発表・自己理念行動指針宣言	

【ステップ1】トップ層による経営理念の講義

・理念に隠された思いや、意味・環境・思い入れなどをわかりやすく講義。
・理念を体系的に伝え、社員が理解・整理しやすい環境にするための「会社全体の理念」。

→「経営方針」「経営目標」「事業目標」「組織理念」「マネジメント理念」「行動原則」などに分類し講義すると、より理解しやすい。
　　※講義は経営的見地に立ち、さらに思い入れなどを伝達するためにも経営者（役員以上）が行うことが望ましいでしょう。
・講義後、講義ポイントや疑問点などを、自己の言葉に置き換え整理して理解を深める。
　　　↓

【ステップ2】
・理念の整理に基づき、各テーマに対する自己行動指針を決定します。
　※整理では、常に自分の言葉に置き換えて書き直すことが必要です。
　　　↓

【ステップ3】
・グループディスカッションにより、ステップ1, 2での理解に抜けや誤認がないか確認します。
・他者に対する期待などを各々が伝え合い、自己理念行動指針の方向性や内容を再確認します。
・理念内容の理解や理念行動指針を再整理・調整します。
　※グループディスカッションは発表の場でないため、他者の理解度や行動指針に対する期待度など遠慮なく指摘・発言します。
　※再整理や調整をした場合、再度グループディスカッションをし、内容の確認は最後まで行います。
　　　↓

【ステップ4】
・ステップ3により仲間にも確認してもらった理念理解と自己理念行動指針を全員に発表します。
　※発表は「…したいと思います」ではなく「…します」というような言い切りとし、宣言タイプにしましょう。また、聞く側は宣言後、質問または感想を伝え拍手をもって終了します。
　※トップ層により、宣言後の感想や期待を伝えることができるとさらによいでしょう。

▶シートの流れと使い方

　ステップ1で使用するシートは8つで、①経営理念を理解するためのシート、②経営方針を理解するためのシート、③経営目標を理解するためのシート、④事業目標を理解するためのシート、⑤組織理念を理解するためのシート、⑥人材理念を理解するためのシート、⑦マネジメント理念を理解するためのシート、⑧行動原則の理念を理解するためのシートです。

　各理念についてトップ層からの講義を開き、理念に対する思いや背景をまとめます。理念そのものの言葉を理解すると共に、自分なりの言葉に置き換えて整理したり、まとめたりすることが必要です。流れとしては、1テーマの理念講義が終了したあと、その理念についてまとめるという手順が望ましいでしょう。シートの活用部分は、シート左側と右上段部分で、記入時間は1シート30分程度で行います。

　ステップ2では、ステップ1で理解した各テーマの理念を基に、それに基づく自己行動指針を策定します。使用するシートはステップ1と同じで残りの右下段部分。記入時間は各シート20分程度で行いましょう。近未来における自分像がはっきりとイメージできるよう、具体的表現や具体例を用いた表記内容にするよう気を付けます。

　ステップ3,4で使用するシートは、「⑨自分の理念行動指針を確立するためのシート・その1、⑩その2」です。ステップ1,2では自分なりに理念を理解し、行動指針を策定したわけですが、グループディスカッションにより、他者の理解内容を聞き、また自分の理解内容に対するアドバイスや指摘などを受けることによりさらに正しく深い理解へと進み、他者からの期待に応えるような自己理念行動指針書をつくります。その際、自分に対する他者からの期待や他者に対する期待などをはっきりさせることが必要です。

①経営理念を理解するためのシート

（基本ステップ1　経営理念の理解にて使用）

◇経営理念についての講義ポイント

> 記入ポイント：
> 経営理念自体の言葉とその講義内容を整理します。その際、講義時に受けた感想や、質問・意見なども同時に表現しておきましょう。

◇質問・意見

◇講義を聞いた上での感想・所感

POINT 講義によって得た内容や言葉を左段にまずまとめます。右上段はその講義内容から自分の言葉に置き換え背景や理由まで考えます。右下段は第2日目のステップ2にて実施し、理念に基づく自己理念行動を指針に策定しましょう。

◇経営理念についてのまとめ（自分なりの言葉で）

> 記入ポイント：
> 講義を受けた内容を自分なりの表現に置き換え、理念の言葉に隠された思いや期待を整理します。

◇経営理念の背景・理由

⬇ ⬇ ⬇

◇経営理念に基づく自己行動指針

> 記入ポイント：
> 左記講義ポイントと上記の整理により、企業理念に基づいた自己理念行動指針をつくります。この行動指針は経営理念に基づくものでなければなりません。

②経営方針を理解するためのシート
（基本ステップ1　経営方針の理解にて使用）

◇経営方針についての講義ポイント

◇質問・意見

◇講義を聞いた上での感想・所感

POINT 　左段と右段は1の経営理念の時と同じ流れで実施します。右下段の自己行動指針は経営方針に基づき、自分が何をすべきか、何をしたらよいと思うかを考え具体的な例を用いて表現します。

◇経営方針についてのまとめ（自分なりの言葉で）

◇経営方針の背景・理由

⬇　　⬇　　⬇

◇経営方針に基づく自己行動指針

③経営目標を理解するためのシート
（基本ステップ1　経営目標の理解にて使用）

◇経営目標についての講義ポイント

◇質問・意見

◇講義を聞いた上での感想・所感

POINT 　左段と右段は1の経営理念の時と同じ流れで実施します。右下段の自己行動指針は経営目標に基づき、自分が何をすべきか、何をしたらよいと思うかを考え具体的な例を用いて表現します。

◇経営目標についてのまとめ（自分なりの言葉で）

◇経営目標の背景・理由

⬇　⬇　⬇

◇経営目標に基づく自己行動指針

④事業目標を理解するためのシート
(基本ステップ1　事業目標の理解にて使用)

◇事業目標についての講義ポイント

◇質問・意見

◇講義を聞いた上での感想・所感

POINT 　左段と右段は1の経営理念の時と同じ流れで実施します。右下段の自己行動指針は事業目標に基づき、その事業目標達成のため、どのような職務に取り組むべきかを考え、予想効果なども予測するとさらによいでしょう。

◇事業目標についてのまとめ（自分なりの言葉で）

◇事業目標の背景・理由

⬇　　⬇　　⬇

◇事業目標に基づく自己行動指針

⑤組織理念を理解するためのシート
　（基本ステップ１　組織理念の理解に使用）

◇組織理念についての講義ポイント

◇質問・意見

◇講義を聞いた上での感想・所感

POINT 左段と右段は１の経営理念の時と同じ流れで実施します。右下段の自己行動指針は組織理念に基づき、理想とする組織活動ができるために、自分がなにをすべきかを考え、自分のすべき行動や意識の持ち方を表現します。

◇組織理念についてのまとめ（自分なりの言葉で）

◇組織理念の背景・理由

⬇　　⬇　　⬇

◇組織理念に基づく自己行動指針

⑥人材理念を理解するためのシート
（基本ステップ１　人材理念の理解にて使用）

◇人材理念についての講義ポイント

◇質問・意見

◇講義を聞いた上での感想・所感

POINT 左段と右段は１の企業理念の時と同じ流れで実施します。右下段の自己行動指針は人材理念に基づき、自分が持つべき能力や意識を考え、それを現実化するための方策や方針なども標記します。

◇人材理念についてのまとめ（自分なりの言葉で）

◇人材理念の背景・理由

⬇　　⬇　　⬇

◇人材理念に基づく自己行動指針

⑦マネジメント理念を理解するためのシート
（基本ステップ1　マネジメント理念の理解にて使用）

◇マネジメント理念についての講義ポイント

◇質問・意見

◇講義を聞いた上での感想・所感

POINT 　左段と右段は1の企業理念の時と同じ流れで実施します。右下段の自己行動指針はマネジメント理念に基づき今後持つべき自己マネジメント、職務マネジメント、部下マネジメントなどのマネジメント面における方針等を理解しましょう。

◇マネジメント理念についてのまとめ（自分なりの言葉で）

◇マネジメント理念の背景・理由

⬇　　⬇　　⬇

◇マネジメント理念に基づく自己行動指針

⑧行動原則の理念を理解するためのシート

（基本ステップ1　行動原則の理念の理解にて使用）

◇行動原則の理念についての講義ポイント

◇質問・意見

◇講義を聞いた上での感想・所感

POINT 左段と右段は1の企業理念の時と同じ流れで実施します。右下段の自己行動指針は1から7までの理念と行動原則の理念を複合し、今後自分の行動体系の原則とする規則や規律などを具体的内容や例にして表記します。

◇行動原則の理念についてのまとめ（自分なりの言葉で）

◇行動原則の理念背景・理由

⬇　　⬇　　⬇

◇行動原則の理念に基づく自己行動指針

⑨自分の理念行動指針を確立するためのシート・その1

（基本ステップ3，4　グループディスカッションおよび自己理念行動指針書として使用）

	経営理念	経営方針
内　容	記入ポイント： 言葉や、意味、漢字などを正確に	
解　釈	記入ポイント： 理念自体に隠された環境・期待、またトップの思いなどを正確に。グループディスカッションで得た他者の解釈も参考に。	
今後の自己 理念行動指針	記入ポイント： 1～8の理念理解シートで作った自己理念行動指針に他者からの期待や指摘を融合させ、総合的な自己行動指針としてつくり上げます。	

POINT このシートはステップ4で使用するものです。1〜8までのシートにより理解し、整理した内容をディスカッションし、そこで新たに得たことやアドバイスされたことなどをこのシートにまとめ新たな自己行動指針を立てます。

	経営目標	事業目標

第Ⅲ章　経営理念・方針・目標を浸透させ、全社的営業力を開発するために

⑩自分の理念行動指針を確立するためのシート・その②

（基本ステップ3,4　グループディスカッションおよび自己理念行動指針書として使用）

	組織理念	人材理念
内　容	記入ポイント： 言葉や、意味、漢字などを正確に。	
解　釈	記入ポイント： 理念自体に隠された環境・期待、またトップの思いなどを正確に。グループディスカッションで得た他者の解釈も参考に。	
今後の自己 理念行動指針	記入ポイント： 1〜8の理念理解シートで作った自己理念行動指針に他者からの期待や指摘を融合させ、総合的な自己行動指針としてつくり上げます。	

POINT このシートはステップ4で使用するものです。1～8までのシートにより理解し、整理した内容をディスカッションし、そこで新たに得たことやアドバイスされたことなどをこのシートにまとめ新たな自己行動指針を立てます。

	マネジメント理念	行動原則の理念

2. 全社的営業力の開発
～全社的営業力開発の重要性～

| Keyword: |
～営業に強い会社を築いていく～

　企業の営業・販売競争は、ますます激化の一途を辿っています。企業が生き残るために策定した営業戦略、販売計画等が達成されなければ企業の前途が危うくなることは明々白々です。強い営業組織をつくり上げることは、緊急課題であると同時に、企業の生き残りをかけた死活問題にほかなりません。

　強い営業組織の基本は、第一に売れない営業マン、つまり販売割当や販売目標が未達成の営業マンをなくすことです。いくら強いリーディングセールスがいても、目標未達の営業マンが多くいれば、営業組織としての販売計画達成は困難なことは明確です。リーディングセールスの負担が大きくなるだけで強い組織にはなり得ません。

　次に重要なことは、全社員が営業力を身につけ営業支援体制を強化していくことです。販売は営業部門の仕事であって、事務管理部門や生産部門には全く関係がないというような、従来のセクショナリズムが自社内に蔓延していては、強い営業組織を構築していくことはできません。全社員が自社の業界動向や商品特性、顧客の要望等をよく理解し、営業支援体制を強化していくことで、販売競争に勝つ強い営業組織が構築されるのです。

　そこで、業績の上がらない営業マンに対しては、上がらない理由、目標未達の原因を潰していくことで、意識面・行動面の両面で売れる営業マンに改革していくことを目的とします。そして他の部署の社員に対しては、自社の営業環境を理解させ、営業支援体制を強化していきます。この両面からの研修によって、全社員一丸となった"営業に強い会社"を築いていきます。

基本Step:
全社員に強い営業力を身につけさせる基本ステップ

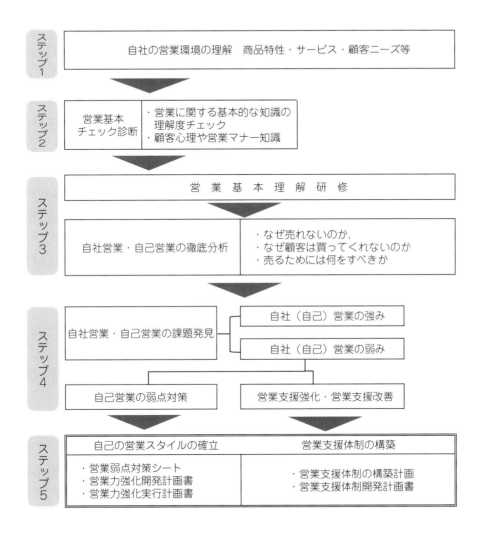

【ステップ1】自社営業環境の理解
　自社の商品特性・サービス特性、市場環境・顧客の要望などを全社員が理解します。
　　　↓
【ステップ2】営業基本項目チェック診断
　営業に関する基礎知識、基本行動を営業基本チェックシートで評価します。売れる営業マンは、営業の基本はしっかり押さえているものです。
　　　↓
【ステップ3】営業基本理解研修
　営業の基本（計画→アポイントメント→話題づくり→人間関係づくり→ニーズ聞き取り→企業提案→見積り→クロージング→契約→フォロー）の流れ、並びに顧客心理や購買心理など営業の基本中の基本を講義。さらに、自己の営業ではなぜ売れないのか、考えられる原因はすべてを抽出しその原因を分析します。全社的には、自社の商品や営業体制ではなぜ売れないのかというテーマです。

【ステップ4】自己営業・自社営業の課題発見
　自己（自社）の営業活動の中での強み・弱みは何なのか、商品力・サービス力での強み・弱みは何なのか、を必要な角度から徹底的に洗い出します。さらに、洗い出された弱点の一つひとつに対してどう強化していくのかを営業部門は自己の業務として、それ以外は営業支援体制として計画していきます。
　　　↓
【ステップ5】自己営業スタイル、営業支援体制の構築
　自己（自社）で掲げた営業の弱みと弱点対策を日常の業務の中で、計画書に落とし込み、実践していきます。

▶シートの流れと使い方

　ステップ1では、「営業環境を整理するシート」を使用します。わが社の市場環境や商品力、営業上の課題を自分の認識範囲で、できるだけ詳しく記入します。営業上の課題に対して、どう解決していくべきかという、自分なりの解決策を基本に今後の方向性や戦略を記入します。シート記入時間は60分程度です。

　ステップ2では、「営業の基本チェックシート」を使用します。自己チェックだけでなく、上司チェックも行ってみると、自己の営業の得意点・不得意点が明らかになります。シート記入時間は30分程度です。

　ステップ3では、「週間業務の理解シート」「週間業務の分析シート」「売れない原因分析シート」を使用します。はじめのシートでは、自己の代表的な1週間の業務を手帳や業務日報等から記入します。分類は記号による記入とし、複数での表記も可、評価は5段階とします。シート記入時間は45分程度です。次の「週間業務の分析シート」では、先の週間業務の理解シートをもとに、自分の日常の業務比率（時間の使い方）を明らかにします。自己の業務の現状と、本来やるべき業務とのギャップから改善の方向性を打ち出していきます。
　さらに、「売れない原因の分析シート」では、営業のあらゆる場面の想定をもとに売れない理由を10点記入し、それぞれの理由に対しての対処・改善方法を具体的に記入します。2枚目・3枚目のシート記入時間は各60分程度です。
　ステップ4で使用するシートは、「自己営業の棚卸し・営業支援の棚卸しシート」と「自己営業の弱点・営業支援体制の弱点改善シート」です。はじめのシートでは、自己の営業（または営業支援）への取り組み姿勢や強み・弱みを明らかにし、詳しい場面想定の中で記入します。
　営業部門以外は、営業支援という視点で記入してみます。次のシートでは先のシートで記入した不得意な点に対し、その理由や原因を明記し今後の対処・改善方法を具体的に記入します。時間は各60分でよいでしょう。

①営業環境を整理するシート

　（基本ステップ1　自社営業環境の理解で使用）＜全社員＞

（1）わが社のコミュニケーション現状

①顧客環境・ニーズ

②商品・サービス力

③営業戦略

（2）わが社の営業力の課題点

①顧客環境・ニーズ

②商品・サービス力

③営業戦略

POINT わが社の市場環境や商品力、営業上の課題、将来に向けての営業の戦略・方向性社や営業部の方向性を再整理・再確認することで、自己の努力や改善の方向性を把握します。

（3）わが社の今後

①将来に対する方向性・戦略

②今後取り組むべき課題

③改善目標

④改善に向けての企業としての方針・具体的施策

②営業の基本チェックシート

（基本ステップ2　営業基本チェック診断で使用）＜全社員＞

＜営業の基本チェックシート＞

No.	設問	1	2	3	4	5
Ⅰ．	営業マンとしての基本行動確認					
1	期首に立案した目標・作戦を徹底しているか					
2	自分一人だけで行動するだけでなく、上司・同僚の支援をしてるか					
3	営業日報の内容は、具体的・正確に記入し、誰でもわかる内容か					
4	顧客別の商談を時系列的に記録しているか					
5	商品知識は深くかつ最新であるか					
6	顧客のキーマンとの商談を中心にしているか					
7	顧客の質問に対して、いつも的確に回答しているか					
8	商談後のアフターフォローは的確であるか					
9	顧客とのトラブルは生じていないか					
10	顧客との約束したことは厳守できているか					
Ⅱ．	商品知識について					
1	自分より商品知識豊富な上司や同僚と商品について話しているか					
2	商品機能が変化したときは、1からそのセリングポイントを確認し直しているか					
3	お客様の質問で自信がなかったことは、即日確認しているか					
4	ライバル社商品の使用者が、自社商品をどう理解しているか聞いているか					
5	他社のカタログなどを、自社のものと対比して見直しているか					
Ⅲ．	営業戦略の立案・実行について					
1	会社理念・部門方針を正確に理解しているか					
2	目標・目的を具体的に明確化しているか					
3	過去の実績・自分の能力とかけ離れた計画を立てていないか					
4	目標達成への作戦を行動レベルで立案・記録しているか					
5	営業戦略に対し、上司とのコンセンサスはとれているか					
6	商談者の職務範囲、キーマンの権限を再認識しているか					
7	商談で予測される障害などには、あらかじめ対応策を考えているか					
8	計画立案の時点で、期限を明確化しているか					
9	営業活動で必要な情報の収集は、最後まであきらめていないか					
10	計画と対比した実行計画を明記し、その反省・対策を練っているか					

POINT　"全員セールス"を担う一人の社員としての基本行動、商品知識、営業計画、営業スタイルなどについて、どの程度身についているかを自己5段階でチェックします。同じ項目で上司にもチェックしてもらい、その評価の差異を分析します。

実施日　　　年　　月　　日
部署名＿＿＿＿＿＿＿役職＿＿＿＿＿＿＿氏名＿＿＿＿＿＿＿

Ⅳ. セールスツールの整備について						
1	セールスツールの使用先・目的を明確にしているか					
2	目的を満たすであろう資格はすべて集めているか					
3	商談の組立に合わせて資料を並べているか					
4	セールスツールを使って事前練習をしているか					
5	どんな時にも活用しやすいようにファイルしているか					
Ⅴ. 営業スタイルについて						
1	相性の合う担当者、キーマンばかり訪問していないか					
2	訪問目的を明確にせず、無目的で訪問していないか					
3	商談に必要な資料を古い資料で代用したり汚れたまま使用していないか					
4	お客様となれ合いの関係になり、ビジネス礼儀を忘れたりしていないか					
5	商談中にビジネス以外の話が多くなりすぎていないか					
6	得た情報を営業活動で活用できているか					
7	商談を記録して、進捗を読んだ真剣な営業活動をしているか					
8	どのお客様にも同一の商談組立をしていないか					
9	他社に取られても残念と思うだけで簡単にあきらめていないか					
10	お客様の側面支援をするような提案型営業をしているか					
Ⅵ. クレームトラブル処理について						
1	クレームトラブル処理後も今までと同じリズムで訪問したり電話をしているか					
2	急に弱気になり、お客様の言うがままになっていないか					
3	商談の時に、自分が責任がなかったように言っていないか					
4	解決に側面支援してくれた関係者に、感謝の意をしめしているか					
5	クレーム・トラブルを客観的に分析・整理し、今後の指針としているか					
上記項目の中で自己の強み・弱み・悩みなどを具体的に記入。						

③売れない原因の分析シート

(基本ステップ3 自己営業からの徹底分析で使用) ＜全社員＞

営業環境分析・改善シート（なぜ売れないのか、売れない場合の原因分析）

売れない場合に考えられる原因
1
2　記入ポイント： なぜ売れないのか、なぜ顧客は自社商品を購入してくれないのか、考えられる原因を10ポイント記入。
3
4
5
6
7
8
9
10

POINT 自己の営業を振り返って、「なぜ売れないのか」「なぜ顧客は買ってくれないのか」の原因を10ポイント抽出し、それぞれの対処・改善方法を検討していきます。

	対処・改善方法
1	
2	記入ポイント： 売れない、買ってくれない原因に対し、今後どう改善していくのか、どう対処していくかを記入。
3	
4	
5	
6	
7	
8	
9	
10	

④自己営業の棚卸し・営業支援の棚卸しシート
　（基本ステップ4　自己営業の課題発見で使用）＜全社員＞

自己営業の棚卸し

◆話題・情報提供について	
得意な話題、情報提供	不得意な話題、情報提供

◆話題・情報提供について	
得意な業界	苦手または知らない業界

◆話題・情報提供について	
売りやすいと思う商品（得意商品）	売りにくいと思う商品（不得意商品）

◆話題・情報提供について	
営業しやすい顧客のタイプ	苦手なタイプ

POINT 自己の営業スタンスを営業の経過・推移に沿って分析していきます。話題づくり、業界動向、自社商品、顧客のタイプ、営業のステップやスタイルについて得意・不得意な点を抽出、分析します。

◆営業ステップについて※1	
得意とする営業段階	苦手とする営業段階

◆営業スタイルについて※2	
得意とする営業スタイル	不得意とする営業スタイル

※1 「◆営業ステップについて」とは、アポイントメント、初回訪問、話題づくり、人間関係づくり、ニーズ聞き取り、企画提案、商品説明、見積り作成、クロージング、契約、契約後のフォローなどの段階
※2 「◆営業スタイルについて」とは、企画提案型、ニーズ対応型、説得型、人間関係構築型、フォロー型、トップ営業型、ボトムからの稟議型など

⑤自己営業の弱点・営業支援体制の弱点改善シート

（基本ステップ４　自己営業の弱点対策で使用）　＜全社員＞

自己営業・自社営業の弱点改善

不得意な点とその理由、原因
◆営業の話題づくり、情報提供について
◆業界情報、業界知識について
◆自社の商品やサービスについて
◆顧客のタイプについて
◆営業ステップについて
◆営業スタイルについて

POINT 自己営業の棚卸しで抽出されたそれぞれの不得意な点について、その理由や原因を分析。さらに、その課題について今後どうしていくか、改善対処方法を開発し、営業力開発計画書の前提とします。

今後、どうしていくのか、改善開発方法・対処方法

3．組織改革ＳＷＯＴ分析方法の重要性と方法

　企業全体の経営改革に必要なのは、企業組織の全体の見直しと将来に向けての改革テーマを明確にし、全従業員が改革意識と共有し、経営改革の目標を掲げ全力で取り組むことです。そのために各組織の部門を客観的に見直し分析し、改革テーマを明確にすることが必要です、その方法が組織改革ＳＷＯＴ分析です。組織改革分析を具体的にステップを追って説明します。

組織改革ＳＷＯＴ分析の基本ステップ
【ステップ１】
　まず、組織改革ＳＷＯＴ分析シートの右の、どの組織部門かに〇を付ける。
　　↓
【ステップ２】
　組織改革ＳＷＯＴ分析シートの「Ｓ（強み）」欄に、部門の強みのポイントと理由を記入し、そして今後伸ばす対策を具体的に記入する。
　　↓
【ステップ３】
　組織改革ＳＷＯＴ分析シートの「Ｗ（弱み）」欄に、部門の弱み・弱点のポイントと原因・理由を記入し、そして弱点対策欄に対策ポイントを具体的に記入する。
　　↓
【ステップ４】
　組織改革ＳＷＯＴ分析シートの「Ｏ（チャンス）」欄に、部門の今後のチャレンジ・チャンスのポイントとその理由を記入し、そして対策欄に具体的対策方法を記入する。
　　↓
【ステップ５】
　組織改革ＳＷＯＴ分析シートの「Ｔ（不安・脅威）」欄に、部門の不安・心配・恐怖などのポイントと理由を記入し、そして対策欄に不安・心配・恐怖に対する対策方法を記入する。

＜組織改革ＳＷＯＴ分析シート＞

S（強み）	理由	対策

O（チャンス）	理由	対策

W（弱み）	原因・理由	対策

T（不安・脅威）	原因・理由	対策

第Ⅳ章

持続可能な中小企業資金調達経営

1．中小企業の資金調達のバリエーション

　企業が持続可能な経営を実現するためには、経営の三大要素（ヒト、モノ、カネ）のひとつでもあるお金の調達・運用の管理が大切です。特に中小企業は大企業に比べ、資金調達手段が限られてくるため、円滑な資金調達の実現が経営の安定につながります。まずはじめに、中小企業の代表的な資金調達手段について説明しますので、それぞれの特徴と企業ニーズに応じた資金調達方法を検討することをお勧めします。

（1）銀行借入

　中小企業では、信用金庫などの地域金融機関、そして日本政策金融公庫など政府系金融機関を含んだ銀行からの借入で資金調達を行うのが、一般的な資金調達方法です。特に、創業時には大半の中小企業は日本政策金融公庫の創業支援の制度融資を利用します。また、各都道府県（と一部の市）には信用保証協会という団体があり、中小企業が銀行から融資を受ける際に銀行に対して保証を行います。中小企業は信用保証協会から保証を受けることにより銀行から融資を受けやすくなります。

①銀行の種類

　銀行にはいくつか種類があり、それぞれ特徴を持っています。取引銀行を選ぶ際には、その知名度のみにとらわれることなく、銀行取引の規模やその目的に応じて適切な金融機関を選択することが、安定的な資金調達につながります。それぞれ特徴については、図表4−1をご参考ください。

図表4－1　金融機関の種類と特徴

金融機関の種類	特徴
メガバンク （みずほ、三井住友、三菱UFJ）	都市部に多くの支店を出店。預金、貸出、外国為替などのフルサービスを受けられる。
地方銀行 （きらぼし、横浜、千葉など）	各都道府県を中心とした営業エリア内に多くの支店を出店。メガバンクに比べ、地域に密着した営業に特色。
信用金庫 （城南、多摩、西武、東京東など）	より地域に根差した金融機関で小規模な支店も多い。地域の個人出店など多くの中小事業者が利用している。
政府系金融機関 （日本政策金融公庫、商工中金）	政府の施策に基づいた各種制度融資のメニューが充実している。店舗数は少ない。

②借入の形態・種類

　代表的な銀行借入の形態と種類は図表4－2のとおりです。それぞれ、使い勝手に特徴がありますのでその資金使途に応じて最適なものを選択することが必要です。また、種類により借入しやすい（高い信用力が求められる）ものやそうでないものもありますので、借入の形態については銀行とよく相談する必要があります。

図表4－2　銀行借入の種類

借入の種類	特徴
手形割引	販売先から受け取った手形を現金化する。利息相当分を割り引いて口座入金することから割引という。手形取引の減少に伴い、電子手形を割引する方法が主流になりつつある。
手形貸付	銀行宛に手形を振出して資金を借入する方法。手形取引の減少に伴い、この方法も減ってきている。
証書貸付	銀行に返済を約束する書面を差し入れして資金を借入する方法。この方法によるものが多い。
当座貸越	借りたいときに借りて、返したいときに返す借入方法。当座預金（手形、小切手が利用できる預金）口座をマイナスにして使う形式と借入専用口座を開設して、都度、払戻請求書を提出して借り入れる形式がある。借り手に自由度が高い一方審査も厳しい。

第Ⅳ章　持続可能な中小企業資金調達経営

③信用保証協会の利用

　中小企業が銀行借入を行う際によく利用するのが、各都道府県（と一部の市）にある信用保証協会の保証です。仕組みは図表4－3のとおりで、中小企業は信用保証協会に保証料を支払って、銀行借入に関して返済の保証を依頼します。銀行は万一の際に信用保証協会から返済を受けられるので、融資を出しやすくなります。

図表4－3　信用保証協会の仕組み

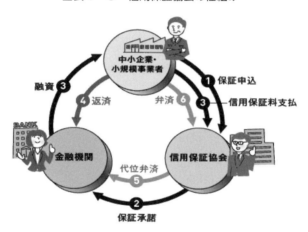

出所　一般社団法人全国信用保証連合会のホームページ

（2）ファイナンスリース

　銀行借入と並んで企業が設備を導入する際の一般的な資金調達手段は、リースによるものです。仕組みは図表4－4をご覧ください。銀行借入が銀行と企業の二者間の契約になるのに対し、リースはリース会社、ユーザー企業、物品販売会社の三社契約になります。また、銀行借入では、企業はお金を銀行から借りてお金を銀行に返しますが、リースではリースした物件をリース会社から借りて物件をリース会社へ返します。

図表4-4　リースの仕組み

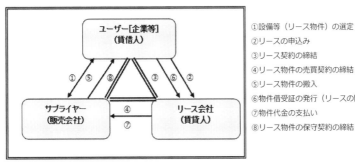

①設備等（リース物件）の選定
②リースの申込み
③リース契約の締結
④リース物件の売買契約の締結
⑤リース物件の搬入
⑥物件借受証の発行（リースの開始・リース料支払）
⑦物件代金の支払い
⑧リース物件の保守契約の締結

出所　公益社団法人リース事業協会

①リース利用のメリット

リース利用の最大のメリットは、大きな設備の購入時に多額の購入資金を自己資金や銀行借入によって準備する必要がないということです。また、購入後の会計処理など管理事務が容易になることも大きなメリットです。

図表4-5　リース利用のメリット

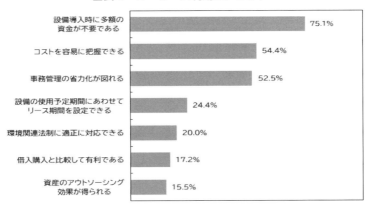

出所　公益社団法人リース事業協会

②リースとその他の調達手段との比較

リースによる資金調達を機能・法務・経営の観点から他の調達手段と比較すると、図表4－6のとおりです。それぞれの特徴を踏まえて、最適な調達手段を選択するようにしましょう。

図表4－6　リースと他の取引との比較（例）

	項目	種類			
		リース	レンタル	割賦購入	融資
機能面	対象物件	主として機械・器具・設備	限られた種類の汎用物件。つねに一定の在庫を持ち需要に応じる	全般的	－
	目的	長期間使用	一時的使用	自己所有	自己所有
	期間	通常3年以上	月・週単位で短期間	比較的中期	同左
	利用者	特定	不特定多数	特定	同左
法務面	契約	リース契約	賃貸借契約	売買契約	金銭消費貸借契約
	所有権	リース会社	レンタル会社	代金完済時に顧客に移転	契約時顧客
	保守・保全責任	顧客	レンタル会社	顧客	顧客
経理面	資金の固定化	資金の固定化を免れる	同左	同左	長期融資であれば資金の固定化を免れる
	所有に伴う管理事務	リース会社が固定資産税を納付、リース会社が保険契約の締結	レンタル会社が行う	顧客が自ら行う	同左
	陳腐化リスク	リース期間の設定で防止	中途解約可能で顧客は負わない	顧客がリスクを負う	同左

（3）ファクタリング

販売先への売上債権を現金化する手段として、ファクタリング会社のサービスを利用する手段もあります。ファクタリングの仕組みは図表4－7のとおりで、販売先の売上債権の支払保証をファクタリング会社に依頼するものです。利用メリットとしては、売上債権の回収リスクを回避するとともに、ファクタリング会

社が調査した信用情報を利用することで、販売先の与信管理に役立てることができます。

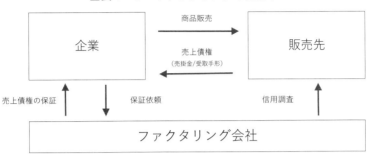

図表４－７　ファクタリングの仕組み

　ファクタリング会社は図表４－７のような販売先への売上債権の保証に加えて、手形割引のように売上債権の買取サービスも行っています。銀行の手形割引とファクタリングサービスの特徴を図表４－８にまとめていますのでご参考ください。

図表４－８　手形割引と一括ファクタリングの比較

	一括ファクタリング	手形割引
サービス提供	ファクタリング会社	銀行、信用組合など
与信管理	販売先の信用情報を入手できる	販売先の信用情報は原則非公開
代金回収不能時	ノンリコース ファクタリング会社に売却した債権を買戻す必要はない	リコース 不渡りになった手形や債券を買戻す必要がある（販売先に代わって代金を銀行に支払う）

（4）クラウドファンディング

　クラウドファンディングとは一般的に、新規・成長企業と投資家をインターネット上で結び付け、多数の投資家から少額の資金を集め、銀行などに頼らずに専門の仲介業者を介して資金調達を行う仕組みです。クラウドファンディングは、出資者に対するリターンの形態により、大きく分けて「寄付型」、「購入型」、「投資型」の三つの種類に分けられます。それぞれの特徴は図表４－９をご参照ください。

図表 4 − 9　クラウドファンディングの種類

類型	寄付型	購入型	投資型
概要	ウェブサイト上で寄付を募り、寄付者向けにニュースレターを送付する等	購入者から前払いで集めた代金を元手に製品を開発し、購入者に完成した製品等を提供する等	運営業者を介して、投資家と事業者との間で匿名組合契約を締結し、出資を行う等
対価	なし	商品・サービス	事業の収益
業登録の要否	−	−	第二種金商業
主な資金提供先	被災地・途上国等の個人・小規模事業 等	被災地支援事業、障碍者支援事業、音楽・ゲーム制作事業等を行う事業者・個人 等	音楽関連事業、被災地支援事業、食品、酒造、衣料品 等
資金調達規模	数万円程度	数百万円程度	数百万円 〜 数千万円程度
一人あたり投資額	一口 1 円 〜（任意）	一口 1,000円程度 〜	一口 1 万円程度 〜

出所：金融庁総務企画局

　「投資型」のクラウドファンディングの2017年から2020年の取扱実績は、図表4 −10のとおりです。231件の取扱に対して成約したのは161件で成約率は約70％、平均調達金額は約3178万円でした。また、平均の投資家数は196名です。利用検討の際の目安として下さい。

図表 4 − 10　投資型クラウドファンディングの状況

	取扱件数	成約件数	調達総額	平均調達額
2017年	18件	18件	5.1億円	2,859万円
2018年	59件	42件	14.7億円	3,500万円
2019年	54件	32件	9.5億円	2,973万円
2020年	100件	69件	21.7億円	3,159万円
合計	231件	161件	51.1億円	3,178万円

出所：金融庁総務企画局

　一見、手軽に資金を集められそうにも思えますが、取扱業者も玉石混合ですので、後日トラブルにならないように慎重に取扱業者を選ぶ必要もあります。最低でも金融庁が認可している金融商品取扱業者であることを確認してきましょう。

また、必ずしも目標金額を調達できる保証はありません。加えて、SNSやインターネット上での一般個人への訴求の巧拙が調達目標金額の達成の成否にも大きく影響してきますので、ホームページの改修やSNS広告などIT関連に思わぬ出費が伴うこともあります。利用検討の際には、図表4－11にあるメリット、デメリットも考慮する必要があります。

図表4－11　クラウドファンディングのメリット、デメリット

メリット	デメリット
金融機関に頼らず気軽に調達できる	取扱業者は玉石混合、注意が必要
開業間もない事業者でも利用できる	事業がとん挫した場合、支援者とトラブルになる
利用自体が事業内容の宣伝になる	他社に事業内容を模倣されるリスクがある
一般個人から集めるのでマーケティングになる	HPやSNSで一般個人に対する効果的な宣伝が必要
小口の金額を機動的に調達できる	目標金額が集まるとは限らない
現金以外のリターン方法も選択できる	取扱業者の手数料が高い場合がある

2．コロナ禍での資金調達の状況

　新型コロナ感染症の影響により銀行借入の環境も大きく変わりました。当初は行動制限による経済活動の落ち込みで、企業の資金繰り支援のための貸出施策に軸足が置かれました。この施策により資金繰りの悪化は一時的に回避されましたが、一方でコロナ融資により過剰債務を抱えた企業は少なくありません。そして、足許では資源高、円安の影響が新たな問題として企業経営に重くのしかかってきています。ここでは、なぜコロナ禍で中小企業の資金調達が円滑に進んだのか、その後の状況はどうなっているのかについて解説します。

(1) 資金繰り支援策の切り札の「ゼロゼロ融資」とは

　新型コロナ感染症対策の資金繰り支援の中核的な役割を担ったのは、いわゆる「ゼロゼロ融資」です。「ゼロゼロ融資」は前項で解説しました信用保証協会の保証付きの制度融資のひとつの形態です（図表4－12）。制度融資とは、国、地方公共団体、民間金融機関と各地の信用保証協会の三者が協調し、民間金融機関を

通して融資を実行する制度です（図表4-13）。

図表4-12　ゼロゼロ融資の概要

	売上高▲5％	売上高▲15％
個人事業主 （事業性あるフリーランス含む、 小規模のみ）	保証料ゼロ・金利ゼロ	
小・中規模事業者 （上記除く）	保証料1／2	保証料ゼロ・金利ゼロ

【融資上限額】4,000万円（拡充前3,000万円）
　　　　　　＊条件変更に伴い生じる追加保証料は事業者の負担となります。
【補助期間】保証料は全融資期間、利子補助は当初3年間
【融資期間】10年以内　【うち据置期間】最大5年
【担保】無担保
【保証人】代表者は一定要件（①法人・個人分類、②資産超過）を満たせば不要（代表者以外の連帯保証人は原則不要）

図表4-13　制度融資の仕組み

```
                    ┌──────────┐
              ┌────→│ 地方公共団体 │────┐
預託金、利子補給│     └──────────┘     │保証料補助
              │                         │
              │                         ↓
        ┌──────────┐  債務保証  ┌──────────┐
        │ 民間金融機関 │←────────│ 信用保証協会 │
        └──────────┘           └──────────┘
              │                         ↑
         融資 │     ┌──────────┐      │保証料支払
              └────→│  中小企業  │──────┘
                    └──────────┘
```

（2）なぜ、「ゼロゼロ融資」は借りやすかったのか

　それでは、「ゼロゼロ融資」はなぜ借りやすかったのでしょうか。それは、銀行側からすると、貸出先の中小企業に倒産など万一のことがあった際に、信用保証協会が中小企業に代わって銀行に借入金を全額返済することにより、銀行に貸倒損失が生じない保証付きの借入であったことが大きな理由です。また、企業側からすると、売上高の減少など一定の申込条件に合致さえすれば、融資を受ける際に担保差し入れをする必要もなく、都道府県が代わりに利子を支払ってくれるので支払い金利負担も一定期間ゼロであったことも、大きな魅力のあるものでし

た。帝国データバンクの調査によると、約半数に近い企業がコロナ関連融資を受けています。

図表４－14　ゼロゼロ融資の仕組み

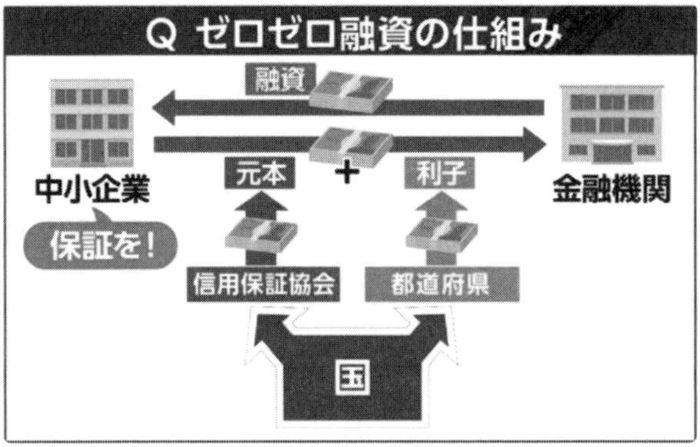

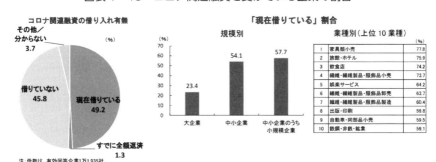

出所　無利子無担保"ゼロゼロ融資“　コロナ禍の借金42兆円どう返す？　NHK

図表４－15　コロナ関連融資を受けている企業の割合

業種別（上位10業種）

（%）

1	家具類小売	77.8
2	旅館・ホテル	75.9
3	飲食店	74.2
4	繊維・繊維製品・服飾品小売	73.7
5	娯楽サービス	64.2
6	繊維・繊維製品・服飾品卸売	63.7
7	繊維・繊維製品・服飾品製造	60.4
8	出版・印刷	59.8
9	自動車・同部品小売	59.5
10	鉄鋼・非鉄・鉱業	59.1

出所　新型コロナ関連融資に関する企業の意識調査（2022年8月）　帝国データバンク

(3)「ゼロゼロ融資」による過剰債務とその後の返済の問題

　コロナ禍での資金繰りは融資を受けることでどうにか乗り切っても、あくまでも融資ですので返済を行う必要があります。コロナ禍で日本企業全体の借入金はコロナ前の569.0兆円から643.6兆円に74.6兆円も増加したとの報告があります（図表4－16）。また、諸外国に比べて日本は企業の債務の水準は高く、現在も高止まりしたままです（図表4－17）。これは、コロナ禍で資金繰りをつなぐために取り敢えず借入をしたが、借入する際に将来どのように返済していくのかまで、十分に考えていなかったために生じている問題です。

　実際、帝国データバンクの調査によると借入した企業全体の4割超がその借入金額の3割未満しか返済できておらず、1割以上の企業が今後の借入返済に不安を抱えています（図表4－18）。そのため、企業の借入返済を進め、過剰債務の問題を解決するために、何らかの追加施策が必要になるのではないかとも言われています。たとえ、コロナのような緊急時の資金調達においても、借入の際はその借入金をどのように返済していくのか、本当に返済できるのかを十分に検討する必要があるという重要な示唆を与えています。

図表4－16　膨らむ国内企業の借入金

出所　内閣官房ホームページ

図表４−17　企業債務の水準の国際比較

○ 企業債務の対GDP比を見ると、2020年12月末から2022年3月末にかけて、欧州企業（▲7%）や米国企業（▲4%）は減少しているのに対し、日本企業は減少していない。

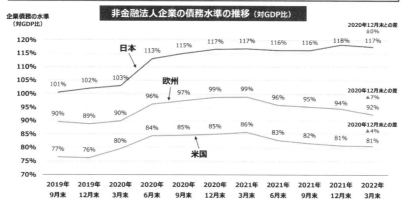

出所　内閣官房ホームページ

図表４−18　進まないコロナ融資の返済

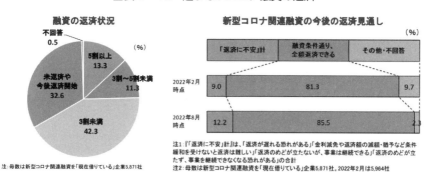

出所　新型コロナ関連融資に関する企業の意識調査（2022年8月）　帝国データバンク

第Ⅳ章　持続可能な中小企業資金調達経営

(4) 切り札を切った後に直面する資源高・円安の苦境

　ウクライナ・中東情勢に関連して原油価格などの資源高や、円安の深刻な問題が中小企業の経営を直撃しています。帝国データバンクの調査では、事業継続可能であるものの、コスト高騰の影響は厳しいと回答した企業が過半数を超えています（図表4－19）。さらに、事業が既に限界状態にある企業の割合が6.5％、そのうち、存続の危機にある企業の割合が2.5％ありました。この割合は、企業規模が小さくなるにつれて高くなる傾向にあります。そして、今後、資源高や円安の影響を克服するためにＤＸやイノベーションで事業の再構築を図る必要がありますが、企業の過剰債務の問題がＤＸやイノベーションの実現に大きな障害となっています（図表4－20）。

図表4－19　コスト高騰の影響を受けている企業の割合

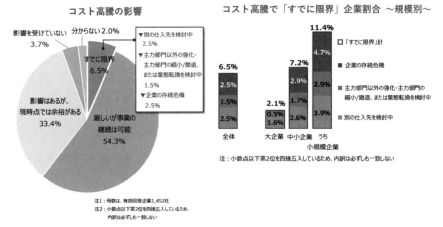

出所　特別企画　コスト高騰による企業への影響アンケート　帝国データバンク　2022.11.10

図表 4－20　事業再構築に与える過剰債務の影響

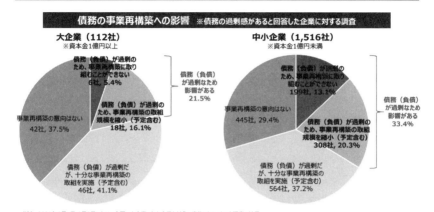

○ 債務の過剰感があると答えた企業のうち、債務が事業再構築の足かせになっている企業の割合は、大企業21.5%、中小企業33.4%。

(注) 2022年8月1日-8月9日にかけて全国の大企業・中小企業を対象に実施したアンケート調査の結果。
「債務（負債）の状況が、貴社の事業再構築への取組みに影響を与えていますか？」との質問に対する回答割合（回答数：1,628社）
(出所) 東京商工リサーチ「第8回過剰債務に関するアンケート調査」（2022年8月16日）を基に作成。

出所　内閣官房ホームページ

3．借入が返済できなくなるとどうなるのか

　これまで、企業はコロナ禍で倒産を避けるために借入金により資金繰りをつないできましたが、返済できる確証のないまま借入を行ったこともあり、返済が思うように進まず過剰債務の状況に陥った企業があること、そして新たに資源高、円安の影響で今後の返済に不安を抱える企業があることを見てきました。それでは、このまま借入金の返済ができなくなったら企業はどうなるのでしょうか。

(1) 雨が降ったら傘を取られる

　よく言われることわざに「銀行は晴れているときに傘を貸し、雨が降ったら傘を取る」というものがあります。なぜ、そのようなことが起きるのでしょうか。銀行は、預金者から預金を預かっており、銀行の資産（企業に対する貸付金）の健全性を保たなければなりません。つまり、貸付金の元本は必ず全額を回収しなければいけないのです。返済してもらえるかどうか不確実な先には融資できません。これが融資と投資の違いです。そのため、銀行は貸出先について格付を行い

その優劣の程度に応じて債務者区分という区分けを行っています。債務者区分は①正常先、②要注意先、③破綻懸念先、④実質破綻先、⑤破綻先、に分けられます。それぞれのイメージについては、図表4－21をご覧ください。

図表4－21　債務者区分について

区分	内容
①正常先	業況が良好であり、かつ、財務内容にも特段の問題がないと認められる債務者をいう。
②要注意先	金利減免・棚上げを行っているなど貸出条件に問題のある債務者、元本返済若しくは利息支払いが事実上延滞しているなど履行状況に問題がある債務者のほか、業況が低調ないしは不安定な債務者又は財務内容に問題がある債務者など今後の管理に注意を要する債務者をいう。
③破綻懸念先	現状、経営破綻の状況にはないが、経営難の状態にあり、経営改善計画等の進捗状況が芳しくなく、今後、経営破綻に陥る可能性が大きいと認められる債務者（金融機関等の支援継続中の債務者を含む）をいう。具体的には、現状、事業を継続しているが、実質債務超過の状態に陥っており、業況が著しく低調で貸出金が延滞状態にあるなど元本及び利息の最終の回収について重大な懸念があり、従って損失の発生の可能性が高い状況で、今後、経営破綻に陥る可能性が大きいと認められる債務者をいう。
④実質破綻先	法的・形式的な経営破綻の事実は発生していないものの、深刻な経営難の状態にあり、再建の見通しがない状況にあると認められるなど実質的に経営破綻に陥っている債務者をいう。具体的には、事業を形式的には継続しているが、財務内容において多額の不良資産を内包し、あるいは債務者の返済能力に比して明らかに過大な借入金が残存し、実質的に大幅な債務超過の状態に相当期間陥っており、事業好転の見通しがない状況、天災、事故、経済情勢の急変等により多大な損失を被り（あるいは、これらに類する事由が生じており）、再建の見通しがない状況で、元金又は利息について実質的に長期間延滞している債務者などをいう。
⑤破綻先	法的・形式的な経営破綻の事実が発生している債務者をいい、例えば、破産、清算、会社整理、会社更生、民事再生、手形交換所の取引停止処分等の事由により経営破綻に陥っている債務者をいう。

出所：金融庁ホームページ　自己査定金融検査マニュアル　別表1

　銀行から容易に融資を受けられるのは、①正常先です。②要注意先から債務者区分が下がるにつれて、融資を受けにくくなります。③破綻懸念先以下に区分されたら、ほぼ融資を受けられる可能性はないと考えてよいと思います。なぜなら、銀行は債務者区分に応じて貸出金に引当金を積んでいます。それぞれの債務者区分に実際にどの程度の引当金を積むのかは、銀行によって多少異なりますが、破綻懸念先に区分されると6割近くの引当金を積む銀行があるとします。こ

の場合、仮に担保や保証を取らない貸出を行ったとすると、60%もの高金利を取らない限り赤字になってしまいます。日本では60%の金利を取ることはできませんので、貸出することもできなくなります。

　一方、引当金というものは貸倒れリスクに対して計上するものですので、万一の際に返済を確実にする担保や保証があれば銀行は引当金を積まないで済みます。銀行から担保や保証の提供要請が強くなったと感じたら、経営者は自社の格付け、債務者区分が低下していると認識するべきです。そして、担保や保証に頼らない融資を受けたいのであれば、自社の格付け、債務者区分を向上させる、すなわち、自社の経営を改善するのが一番の早道なのです。言い換えると業績が極めて好調で財務内容に全く問題のない企業でなければ、担保や保証に頼らない融資を受けることができないのです。

（２）粉飾決算は破綻への道
　とはいうものの、常に業績が好調であり続けられたら経営者は誰も苦労はしません。そこで、陥りがちなのは業績不振になった際に、自社の経営状況を良く見せるために決算書の見映えを良くお化粧をする、すなわち、粉飾決算を行ってしまうことです。最初は軽い程度で済んでいても、一旦、手を染めてしまうと止められなくなってしまう麻薬のように、粉飾は怖いものです。絶対にしてはいけません。

　決算説明の際にうまく切り抜けられたから、銀行から全く疑われていないと思ったら大間違いです。DXの時代ですので、銀行はあらゆる角度から膨大な量の他社の決算データと比較して整合性の取れないポイントを洗い出しています。怪しいと思っていても企業側から粉飾の事実を自白しない限り、銀行は言わば気づかないふりをしているだけです。

　一方で、粉飾を行っていると決算書上は業績好調でも資金繰りが苦しくなるという現象が起こります。このような場合に、急に新規の融資や返済の後倒しのリスケジュールなどを銀行に申出ると、これまで銀行が怪しいと思っていたところについて、徹底的に調査・追及が始まります。そのため、資金繰りで急いでいるのにかかわらず、これまで要請されたことのない細かい資料の提出を求められたり、貸出の稟議（審査）に長く時間がかかるようになります。最後には、本部の

了解が得られなかったと融資を断られる事態も出てきます。仮に複数の銀行と取引していたとしても、銀行は他行が断ったということを知ると、自行に先駆けて他行が信用不安や融資を断るのに値する情報をつかんだのではないかと勘ぐります。そのため、ひとつの銀行から断られると、最終的にどの銀行からも借りることができなくなる場合があります。そして、その場合は資金繰りが破綻して倒産に至ります。

　一方、これくらいのことであれば、バレなければ大丈夫だろうと決算の粉飾に対して重大性を認識していない経営者が多いのも事実です。しかし、多くの金融機関では取引の基本約定である「銀行取引約定書」の期限の利益の喪失条項（返済期限前に全額返済しなければいけない約束の条項）に「提出する財務状況を示す書類に重大な虚偽の内容がある」場合という条文を入れています。最近は金融機関の対応も厳格になっており、この条項を根拠として即時全額返済を迫られ窮地に陥る企業が多くみられます。実際に帝国データバンクの調査によると、近年、粉飾決算や不正受給などのコンプライアンス違反を原因とした倒産発生件数が増加していますので注意が必要です（図表4－23）。

図表4－22　銀行取引約定書の期限の利益の喪失条項の例

（期限の利益の喪失）
①甲について次の各号の事由が一つでも生じた場合には、乙からの通知催告等がなくても、甲は乙に対するいっさいの債務について当然期限の利益を失い、直ちに債務を弁済するものとします。
　1．破産手続開始、民事再生手続開始、会社更生手続開始もしくは特別清算開始の申立があったとき。
　2．手形交換所または電子債権記録機関の取引停止処分を受けたとき。
　3．前2号の他、甲が債務整理に関して裁判所の関与する手続を申立てたとき、もしくは弁護士等へ債務整理を委任したとき、または自ら営業の廃止を表明したとき等、支払を停止したと認められる事実が発生したとき。
　4．甲または甲の保証人の預金その他の乙に対する債権について仮差押、保全差押または差押の命令、通知が発送されたとき。なお、保証人の預金その他の乙に対する債権の差押等については、乙の承認する担保を差し入れる等の旨を甲が遅滞なく乙に書面にて通知したことにより、乙が従来通り期限の利益を認める場合には、乙は書面にてその旨を甲に通知するものとします。ただし、期限の利益を喪失したことに基づき既になされた乙の行為については、その効力を妨げないものとします。

②甲について次の各号の事由が一つでも生じた場合には、乙からの請求によって、甲は乙に対するいっさいの債務について期限の利益を失い、直ちに債務を弁済するものとします。
1．甲が乙に対する債務の一部でも履行を遅滞したとき。
2．担保の目的物について差押、または競売手続の開始があったとき。
3．甲が乙との取引約定に違反したとき、または第14条に基づく乙への報告もしくは乙へ提出する財務状況を示す書類に重大な虚偽の内容がある等の事由が生じたとき。
4．甲の責めに帰すべき事由によって、乙に甲の所在が不明となったとき。
5．甲が暴力団員等もしくは第15条第1項各号のいずれかに該当し、もしくは同条第2項各号のいずれかに該当する行為をし、または同条第1項の規定に基づく表明・確約に関して虚偽の申告をしたことが判明したとき。
6．甲が振り出した手形の不渡りがあり、かつ、甲が発生記録をした電子記録債権が支払不能となったとき（不渡りおよび支払不能が6か月以内に生じた場合に限る）。
7．保証人が前項または本項の各号の一つにでも該当したとき。
8．前各号に準じるような債権保全を必要とする相当の事由が生じたと客観的に認められるとき。

③前項の場合において、甲が住所変更の届け出を怠る、または甲が乙からの請求を受領しないなど甲の責めに帰すべき事由により、請求が延着しもしくは到達しなかった場合には、通常到達すべき時に期限の利益が失われたものとします。

④第2項第5号の規定の適用により、甲または保証人に損害が生じた場合にも、乙になんらの請求をしません。また、乙に損害が生じたときは、甲または保証人がその責任を負います。

図表4-23 コンプライアンス違反倒産の推移

違反類型 内訳（2019年〜）

	2019	2020	2021	2022	2023
粉飾	84	62	54	60	79
業法違反	25	27	36	51	90
談合	4	2		2	1
資金使途不正	25	35	34	70	47
脱税	4	2	2	3	13
雇用	13	13	15	19	19
偽装	4	3	1	3	9
過剰営業			2		1
不正受給	8	11	5	10	29
不法投棄	1	2		1	2
贈収賄	1		1		
その他	51	41	41	53	52
合計	220	200	189	272	342

2023年の主な「粉飾」倒産

堀正工業（東京）
ベアリングなど販売
7月破産
決算書改ざんにより、2008年9月期に10行であった融資取引行は、2022年9月期には54行にまで増加していた
負債：約282億6600万円

アペックス（石川）
一般貨物自動車運送
10月民事再生
融通手形による不正な資金調達を繰り返すとともに、借入金の簿外化にも手を染めていた
負債：約91億5000万円

白井松器械（大阪）
医療・理化学器械製造
9月民事再生
売り上げと利益の水増しに加え、売掛金と買掛金の相殺により、借入金を簿外化していた
負債：約86億9600万円

[出典] 帝国データバンク「倒産速報」

出所：「コンプライアンス違反企業の倒産動向調査（2023年）」帝国データバンク 2024.1.11
https://cnet.tdb.ne.jp/cnet/tax23p01/tax23pInit.do?WebKey=1705157426301

4．金融機関に何を見られているのか、信頼される関係を構築する

　経営者の側からすると金融機関は決算書の内容しか見ておらず、業績が芳しくなくなると、あれこれと耳の痛いことを口出ししてきて、融資を渋るようになる。もっと、自社の技術や商品・サービスなどの事業の優れた点を見て融資して欲しいと思います。また、銀行の支店長や担当者と宴席やゴルフを重ねてようやく親密になったのに、支店長や担当者はすぐに変わってしまって、引継ぎ期間も短く簡単な挨拶だけで転任してしまい当社の内容について良く引き継がれていない、と感じている方も多いと思います。以下では、どうしてそのようなことが起きるのか、金融機関と信頼関係を構築するためにはどのように対応したらよいかについて説明します。

（1）金融機関の組織・審査の仕組みを理解する
①融資には細かい権限規定や手続が存在する
　金融機関が融資を決定する際には、その案件に応じて社内で詳細に権限や手続が定められています。仮に支店長であっても独断で融資案件を決定できない場合があります。金融機関によって多少のルールの違いはありますが、一般的に金額や信用リスクの大小の違いによって支店長が決裁できるものと、本部へ稟議が必要なものが分かれています。例えば、金額が小さくて自社の格付が高くて担保や信用保証協会の保証などで保全が効いている案件は支店長が決裁できる案件です。他方、金額が大きくて自社の格付が低く担保や保証が無いものは本部稟議を行う案件になる可能性が高まります。これが「担保や保証があるかどうか」が借り易さに影響してくる理由のひとつです。金融機関内では支店長の決裁で対応できるものと本部に稟議が必要なものの間には簡単には超えられない大きな壁があります。担当者にとっては本部へ提出する稟議書を作成するのには高い能力と多くの時間と労力が必要とされるのでなるべく避けたいという意思が働きます。また、本部からどのような指摘を受けるかもある程度分かっていますので、稟議に耐えられない案件（あるいは会社）と判断される場合は、本部稟議をすることなく「難しいと思います。」と、断られる場合があります。

図表4-24　金額とリスクの違いによる案件決定権限のイメージ

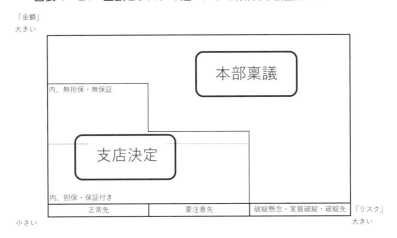

　融資案件については、支店長が決裁するもの本部に稟議するものに違いはありますが、口頭ではなく必ず書面（現在では電子書式）の稟議書などに案件を決裁した記録を残しますので、金融機関の担当者が稟議書を書きやすい、すなわち社内コミュニケーションを円滑に進めるために必要なデータの提供と金融機関に伝わりやすい説明を行う必要があります。担当者から追加で詳細な資料や説明を求められた場合は、往々にして融資案件の決定権限を握る本部や上司が要求していることが多いので、煩わしがらずに迅速にかつ真摯に対応することが、円滑に融資を受けるために必要で重要なポイントになります。

②伝わりやすい説明と資料ために必要なこと
　それでは、金融機関に伝わりやすい説明を行うためにはどのような点に気をつけたら良いでしょうか。銀行員の共通言語は「数字」だと言われるくらい金融機関の担当者は、コミュニケーションにおいて具体的な数字や名称などのデータを使って説明することを大切にしています。金融機関の担当者に事案を説明する場合は、できるだけ具体的な数字を使って説明するように心がけましょう。一方、熱心さも大切ですが、情緒に訴える説明方法は人により感じ方が異なり、説明された担当者がその上司などの別の人に同じように伝えることが難しく、場合によっては逆効果になることもあります。

図表4-25　伝わりやすい説明と伝わりにくい説明の例

	説明に含まれる項目のポイント	説明の例
伝わりやすい	・数値化した事柄（売上額・利益率など） ・具体化した事柄（個社名・固有名詞を使って） ・合理的な根拠（因果関係・自社との関係） ・予想される結果（可能性・リスクの見積もり）	売上高は、新商品のリリースにより前年比〇〇％増収の△△百万円になる見込。一方、円安と資源高の影響でA社からの仕入価格が平均××％上昇、□□％の賃上を行ったこともあり営業利益は◇◇百万円に留まる見込。
伝わりにくい	・感覚的な事柄（まずまず、そこそこなど） ・抽象的な事柄（景気が良くなくてなど） ・情緒的なアピール（一生懸命、全力でなど） ・直観的なひらめき（絶対にヒットするなど）	売上はまずまず、利益もそこそこ。一方、円安、資源高、人材不足などで景気全体が不透明、着地はとんとん。赤字を出さないように全社一丸で頑張っており、新商品もヒット間違いなしなのでご安心を。

（2）金融機関の最大の関心事項は経営者の経営姿勢

　経営者のみなさんは、銀行の担当者から決算書や試算表、資金繰り表などの財務資料の提出を急かされるので、金融機関の一番の関心事項は財務資料でそれ以外に関心がないと思いがちです。しかし、金融機関の担当者がそれらの資料の提出を求めるのは、金融機関との取引を進める上でそれらの資料は必要不可欠なものだからです。前述の「銀行取引約定書」にも定期的に財務状況を示す資料を提出することが定められています。これを守らないと契約違反となる（借入を即時全額返済しなければならない）リスクがあります。

図表4-26　銀行取引約定書における財務状況の報告義務例

（報告および調査）
①甲は、貸借対照表、損益計算書等の甲の財務状況を示す書類の写しを、定期的に乙に提出するものとします。

②甲は、その財産、経営、業況等について乙から請求があった場合には、遅滞なく報告し、または書類を提出するなど乙の調査に必要な便益を提供するものとします。

③甲は、その財産、経営、業況等について重大な変化が生じたとき、または生じるおそれがあるときは、乙に対して遅滞なく報告するものとします。

④甲または甲の保証人について後見、保佐、補助が開始もしくは任意後見監督人の選任が家庭裁判所の審判によりなされたとき、またはこれらの審判をすでに受けたときは、甲もしくは甲の保証人および後見人、保佐人、補助人、または任意後見人は、その旨を書面により直ちに乙に対して届け出るものとし、届け出内容に変更または取消が生じた場合も同様とします。また、乙が相当の注意をもって意思能力を確認し、甲または甲の保証人が行為能力者であると認めて届け出の前に取引を行ったときは、当該取引により生じた損害は甲の負担とします。④お客様または保証人が成年後見人等の審判を受けた場合については、そのご報告をいただくこととなります。

⑤甲が法人である場合、定款、寄付行為、規約等の変更があった場合には、直ちに乙に提出するものとします。

　一方、意外に思えるかもしれませんが、金融機関の最大の関心事は経営者の経営姿勢です。それは日ごろのコミュニケーションを通して評価されています。例えば、月次の試算表の提出依頼を受けたのに、クイックにレスポンスしない、2～3か月以上前の古いものを提出する、多忙を理由に適当にあしらうなどの対応をしたとします。すると、財務資料の内容の良し悪しはさておき、「この経営者は取引先の依頼に対していい加減な対応を行う傾向がある。社内管理体制が杜撰である。」という印象を与えてしまい、たとえ足下の業績が好調だったとしても「このような経営者を信用して融資しても、誠実に返済してくれないかもしれない。」という懸念から融資に消極的になることがあります。金融機関の担当者とのコミュニケーションはその都度内容が記録されており、その情報は支店長をはじめ本部の融資審査の担当者まで共有されていますので軽率な対応をしないように注意が必要です。

図表4-27　金融機関の経営者評価の視点とポイント

視点	評価のポイント
個人の資質に関するもの	・社内で良好なリーダーシップを発揮している ・情報開示や約束事に対して真摯に対応している ・社内外に良好な人間関係を構築している ・堅実な経営のために日々努力を怠らない
経営組織に関するもの	・社内の役職員からトップとして信頼され、評価が高い ・経営方針が役職員に浸透し、組織が自律的に機能している ・取締役会等の社内組織が正常に機能・牽制している ・後継者が育成されている、合理的な選定方法が決まっている
経営戦略に関するもの	・市場の変化、ニーズの変化に機動的に対応している ・他社が模倣困難な製品・技術などの優位性を構築している ・法令遵守や危機管理体制に万全を期している ・計画的な投資、円滑な資金調達を行っている

（3）信頼される関係を構築するポイント

これまで金融機関の内部組織の仕組みや見方・考え方の特徴を見てきましたので、以下ではそれを踏まえてどのように金融機関から信頼される良好な関係を構築したら良いかを考えていきます。

①サプライズ報告は厳禁、クイックかつこまめな情報開示姿勢が信頼関係を育む

金融機関の担当者の仕事は、貸出を行った時点では完結しません。貸出を行った後もモニタリングといって、継続して定期的に融資先の業績や資金繰りをチェックします。それは、融資先の業績の良し悪し等の変化により信用格付や債務者区分が変更となると引当金の額が変動して、金融機関の損益に大きな影響を与えるからです。金融機関は融資先の足許の業績に基づき、近い将来の貸し倒れリスクを見積もって、それが金融機関の損益見込に反映されます。そのような一連の貸し倒れリスク見積もり作業は、資産自己査定といって四半期ごとに行っています。

そのため、融資先の業績が急に悪化して信用格付や債務者区分が低下した場合、（仮に貸し倒れ損失が実現していないとしても）金融機関内で想定外の損失が発生し、担当の支店では大騒ぎになります。この損失を他でカバーすることは容易ではありませんので、信用格付や債務者区分を維持するために、その根拠となる（例えば、「足許は一過性の赤字で程なく業績は回復する見込。」などを説

明する）資料を執拗に要求してくるのです。

　経営者の側からすると、融資を絞られるリスクがあるので、業績悪化の見込はなるべく伝えたくない、結果ですらすぐには報告したくないと思うのが心情です。一方で、金融機関の担当者にはリスク見積もり作業を円滑に進める観点から、悪い情報でもなるべく早く知りたいという事情があります。上記の通り、金融機関の担当者に好き好んで自分の支店の損益を悪化させようと考える人はいないと思います。せめて、メインバンクの担当者とは日ごろから頻繁にコミュニケーションをとることで、信頼関係を構築して味方につけるようにしましょう。金融機関では、（その判断方法の良し悪しは別として）何も情報がないとプラスには判断ができず保守的に悪い評価を付けざるを得ません。クイックかつこまめに情報開示を行いサプライズ報告は回避して、悪い情報こそ早めに報告しましょう。そして、金融機関の担当者と一緒に対応策を考えることができるようにしたいものです。

②担当者はすぐに変わる、関係性は常にメンテナンスが必要

　一般的に金融機関の担当者は3年程度の短いサイクルで変更になります。それは、同じ担当先を長い期間に亘って担当すると不正が起きやすく、不正は担当者の交代時に発覚しがちであるということを経験的に掴んでいるからです。また、できる担当者ほどすぐに変わってしまうという話もよく聞きますが、基本的に昇進・昇格のタイミングは異動と同じですので、早く昇進する人ほど異動のサイクルが短くなります。加えて、引継ぎ期間が短いのも前任者に不正を隠蔽する時間的余裕を与えないように、牽制する意味合いもあります。

　このような理由で金融機関の担当者は頻繁に変更となるので、久しぶりに支店を訪問したらいつの間にか担当者が変更になっていたということが無いように、関係性は常にメンテナンスするように心がけましょう。また、「毎月のように来ていた担当者が突然来なくなった。支店長や担当者の上司が面談の場に同席することがなくなった。」というような変化が生じたら要注意です。融資の責任者や決定権限者が疎遠になるということは、すなわち融資をしたくない先と判断されているということになります。

融資を受けたいときだけ、支店を訪問するということがないように、特段、お願いしたいことがなくても、毎月1回は業績報告で試算表や資金繰り表、事業計画の進捗表などの資料を持って支店を訪問して、担当者と融資の責任者（次長や課長）と面談するように心がけましょう。また、宴席やゴルフ会以外の機会で少なくとも半年に1回は自社の事業の状況を支店長に直接説明する機会を設けるようにしましょう。

　図表4-28として金融機関との関係性構築チェックシートを掲載しますので、金融機関と良好な関係が構築できているかどうかのセルフチェックにご活用ください。

図表 4-28　金融機関との関係性構築チェックシート

	チェックポイント	自己チェック	
		Yes	No
行動面	・金融機関担当者の顔と名前は一致する		
	・月に1度は担当者やその上司とコミュニケーションをとっている		
	・銀行別に取引金額と取引条件を説明できる		
	・定期的に(少なくとも四半期毎に)財務資料を提出している		
	・事業計画や業績、資金繰りに対する質問に自ら数値で回答できる		
	・宴席やゴルフ以外で定期的に(年2回以上)支店長と面談している		
	・支店長や担当者の交代の際に、引継ぎの挨拶をしている		
	・新任者に自社の工場や店舗を見学させている		
管理面	・試算表は1か月以内に毎月作成し前年と比較分析し、内容を確認している		
	・資金繰り表は月次で年間を通して作成し、毎月予定と実績を管理している		
	・事業計画を策定しており、月次で予算と実績を管理している		
	・事業計画の数値の根拠は自ら検証している		
	・当初の投資と資金調達計画は前期末までに策定している		
	・事業計画策定や資金調達方法を相談できる顧問税理士などの専門家がいる		
	・メインバンク等銀行別に取引方針を決めている		

③仲介役の支援者を最大限に活用する

　特に業績や資金繰りが著しく悪化する局面になると、ただでさえ事業の立て直しで忙しいのに、まるでいじめにでもあったように、これまで要求されなかった膨大な時間と労力がかかる事業計画に関する資料の作成の要請を受けたり、金利の引き上げや担保の差し入れを求められるようになります。この理由は既に述べたように金融機関の内部事情によるもので、テレビドラマのように金融機関の担当者の性格が良くなくて弱いものいじめをしている訳ではありません。感情に訴えても何の解決にもならず、逆に事態を悪化させることにつながりかねません。このような場合は、冷静になって有効な打開策を探る意味も含めて専門家に助けを求めるようにしましょう。

　各都道府県には中小企業活性化協議会があり、経営改善計画策定支援事業に関する相談に応じています。また、税理士などの認定支援機関が具体的な支援を行います。詳細は中小企業庁のホームページをご覧ください。同庁のホームページには図表4－29、30、31のようなセルフチェックシート等も掲載されていますので併せてご活用ください。

図表 4 − 29　経営者のための経営状況自己チェックリスト

チェックポイント	自己チェック	
	YES	NO
① 毎月の試算表を作成しており、資金繰り表等で当面（向こう1年分程度以上）の資金繰りを管理できている	☐	☐
② 営業黒字が維持できており、繰越欠損はない	☐	☐
③ 借入金を増やさなくても運転資金は確保できている	☐	☐
④ 減価償却が必要な資産については、正しく費用を計上している	☐	☐
⑤ 税金・社会保険料の滞納がない	☐	☐
⑥ 経営理念やビジョンがあり、従業員と共有できている（社是、社訓、スローガン、パーパス(注)等も含む） (注)パーパス…企業の根本的な存在意義や究極的な目的等を示したもの	☐	☐
⑦ 自社の強みの活用や弱みの克服に向けた取組を行っている	☐	☐
⑧ 自社の業務フローや商流（取引の流れ）を十分理解しているまた、販売先（ユーザー）は複数に分散している	☐	☐
⑨ 市場動向（為替、原油価格、賃金水準等）で、何が経営に影響を与えるかを理解し、対応策を考えている	☐	☐
⑩ 事業を継続・発展させるための人材育成に取り組んでいる（後継者を含めた経営陣の育成、技術やノウハウの伝承等）	☐	☐

上記の項目のいずれかが「ＮＯ」となる場合で、
その要因が説明できない 又は 解決する手段がわからない場合は、
収益力改善について検討する必要があります。

ご相談は、お取引のある金融機関 又は 認定経営革新等支援機関(※)まで
（※認定経営革新等支援機関の詳細は、右のQRコードを参照ください）
【経営改善計画策定支援事業のご相談は、各都道府県の「中小企業活性化協議会」まで】
https://www.chusho.meti.go.jp/keiei/saisei/download/contact_list.pdf

出所：中小企業庁ホームページ

図表4-30　支援者による経営状況チェックリスト

分類			項目
財務状況		☐	★試算表や資金繰り表が管理されていない
		☐	売上が減少し続けている
		☐	営業赤字 又は 営業利益が減少し続けている
		☐	借入金が増加し続けている
		☐	借入金の返済能力が十分でない（キャッシュフロー等）
		☐	経営陣と会社の間で、金銭や不動産の貸借がある
		☐	売掛債権と買掛債権の回転率に大きな乖離がある
		☐	減価償却費が正しく計上されていない
		☐	税金・社会保険料の滞納がある
非財務	経営者	☐	★経営者が経営理念やビジョンを持っていない
		☐	経営者が自社の課題を把握できていない 又は 現状改善の意欲が見られない(向き合わない)
		☐	経営者の後継人材がいない
	事業	☐	自社の強みの活用及び弱みの克服に向けた取組が行われていない
		☐	事業環境の整備（ITへの投資や活用等）に着手していない
		☐	単位時間あたりの付加価値（生産性）の向上に向けた取組が行われていない
	環境・関係者	☐	同種・同業の他社と比較して強みが見当たらない
		☐	市場動向（原材料価格、為替、人件費等）や競合相手について関心がない
		☐	商流が特定の取引先に偏っている
		☐	従業員が定着していない 又は 十分な採用（人材確保）ができていない
		☐	取引金融機関数が極端に多い 又は 頻繁にメインバンクが変わっている
	内部管理体制	☐	各部門に責任者・キーパーソンがおらず指示命令系統が機能していない
		☐	事業計画や目標が従業員と共有できていない
		☐	新しい商品・サービスの開発や事業変革に取り組んでいない
		☐	技術やノウハウの伝承、現場における人材育成に取り組んでいない

上記を参考として中小企業者をチェック
　上記項目にあてはまるものがあり、その要因が説明できない 又は 解決する手段が検討されていない場合は、当該事業者に、収益力改善について検討を促す必要があります。改善に取り組む際は、「経営改善計画策定支援事業（405事業・ポスコロ事業）」(詳細は右下のQRコード参照)等の活用もご検討ください。
　特に★の項目にあてはまる場合は、まずは「ポスコロ事業」の活用をご検討ください。
　※金融機関への説明に窮する場合、金融機関で取組方針に迷う場合は、早期着手をご検討ください。
【経営改善計画策定支援事業のご相談は、各都道府県の「中小企業活性化協議会」まで】
https://www.chusho.meti.go.jp/keiei/saisei/download/contact_list.pdf

出所：中小企業庁ホームページ

図表4－31　ガバナンス体制整備に関するチェックシート

【本シートの目的】
　本シートは、事業者のガバナンス体制の整備・強化に向けて、経営者と支援者の目線を合わせて、その達成状況や今後の課題を議論できるよう策定したシートです。そのため、経営者のみならず、中小企業活性化協議会をはじめとする支援者の皆様に活用いただくことを想定しています。なお、本シートの項目、目安は例示であり、各企業の規模等によって適宜アレンジして使用することが望まれます。

【本シートの活用における留意点】
　本シートの項目や各種の目安は例示です。この目安を全て満たさなければいけないといったものではありません。また、この目安を満たしたからといって、必ず経営者保証が解除されるものではありません。

【チェック項目】

	項目内容		チェックポイント（◎は特に重要な項目）	チェック欄
経営の透明性	経営者へのアクセス	◎	支援者が必要なタイミング又は定期的に経営状況等について内容が確認できるなど経営者とのコミュニケーションに支障がない。	
	情報開示	◎	経営者は、決算書、各勘定明細（資産・負債明細、売上原価・販管費明細等）を作成しており、支援者はそれらを確認できる。	
		◎	経営者は税務署の受領印（電子申告の場合、受付通知）がある税務関係書類を保有しており、支援者はそれらを確認できる。	
			経営者は試算表、資金繰り表を作成した上で、自社の経営状況を把握する。また、支援者からの要請があれば提出する。	
	内容の正確性		経営者は日々現預金の出入りを管理し、動きを把握する。例えば、終業時に金庫やレジの現金と記帳残高が一致するなど収支を確認しており、支援者は経営者の取組を確認できる。	
			支援者は直近3年間の貸借対照表の売掛債権、棚卸資産の増減が売上高等の動きと比べて不自然な点がないことや、勘定明細にも長期滞留しているものがないことを確認する。	
			経営者は、会計方針が適切であるかどうかについて、例えば、「「中小企業の会計に関する基本要領」の適用に関するチェックリスト」等を活用することで確認した上で、会計処理の適切性向上に努めており、支援者はそれを確認できる。	
法人個人の分離	資金の流れ	◎	支援者は、事業者から経営者への事業上の必要が認められない資金の流れ（貸付金、未収入金、仮払金等）がないことを確認できる。	
		◎	支援者は、経営者が事業上の必要が認められない経営者個人として消費した費用（個人の飲食代等）を法人の経費処理としていないことを確認できる。	
			経営者は役員報酬について、事業者の業況が継続的に悪化し、借入金の返済に影響が及ぶ場合、自らの報酬を減額する等の対応を行う方針にあり、支援者はそれを確認できる。	
	事業資産の所有権		経営者が事業活動に必要な本社・工場・営業車等の資産を有している場合、支援者は法人から経営者に対して適正な賃料が支払われていることを確認できる。	

	項目内容		項目例(注1)	t-2期	t-1期	t期	目安(注2)	チェック欄
財務基盤の強化	債務償還力	◎	EBITDA有利子負債倍率				15倍以内	
	安定的な収益性	◎	減価償却前経常利益				2期連続赤字でない	
	資本の健全性	◎	純資産額				直近が債務超過でないこと	

(注1) 事業者規模や業種等に応じて、項目は変更することを想定しています。例えば、金融機関によっては次のような項目を採用しているケースがあります。債務償還力はEBITDA有利子負債倍率（目安：15倍以内）、インタレスト・カバレッジレシオ（同：2.0倍以上）、債務償還年数（同：20年以内）等、安定的な収益性は減価償却前経常利益（同：2期連続赤字でない）、使用総資本事業利益率（同：10％以上）等、資本の健全性は純資産額（同：直近が債務超過でない）、自己資本比率（同：20％以上）、純資産倍率（同：2.0倍以上）等。
(注2) 目安に記載した数値は絶対的な基準ではなく、事業者に応じて変わり得るものです。事業者の事業規模、業種等によっては本シートに記載した目安と異なりますので、経営者と金融機関をはじめとする支援機関との間で活用する場合、目安となる数値設定から意見交換していただくことを想定しています。

【参考情報】
経営の透明性等の確保・継続する手段として、取締役会による適切な牽制機能の発揮、会計参与の設置、外部を含めた監査体制の確立等によって、社内管理体制を整備していくことも考えられます。
経営者保証について、「徴求する/しない」の二択ではなく、事業者のガバナンス体制の整備状況に応じて、経営者保証による保証債務の効力の有無をコベナンツで設定するといった手法も考えられます。

加賀　博（かが ひろし）

株式会社ジーアップキャリアセンター代表取締役
一般社団法人千葉ニュービジネス協議会会長
一般社団法人就業総合支援協会理事長
千葉商科大学大学院中小企業診断士コース客員教授
千葉工業大学外来講師
敬愛大学客員教授
新潟産業大学非常勤講師
学校法人東和学園東和IT専門学校学校長

慶応義塾大学法学部卒業
沖電気工業株式会社を経て、株式会社リクルートに入社。
求人情報誌「とらばーゆ」の創刊など多くの新規事業を手がけ、その後独立し現職。
これまで1,000社を超える企業の人事・組織開発のコンサルティングに携わる。多数の大学院、大学にてキャリア教育学を専任し、年間10,000人の学生を教える実績を持つ。
関係研究出版は100冊以上。
主な著書として『キャリアエンプロイアビリティ形成法』日経BP社、『面接官の極意書』『プロ社員を育てる88枚のシート』中経出版、『採用革命－客志向リクルーティングのすすめ』『偉大なる奇業家』『一期一会の質実経営』ビジネス社、『人材採用実務体系マニュアル』日本総研ビジコン、『社員採用マニュアル』プレジデント社、『人材募集採用マニュアル』PHP研究所、『脳・社会力』『グローバル人材採用・育成制度開発ガイド』カナリア書房、『経営コンサルタントビジネス開発体系』『寺院基本経営学』カナリアコミュニケーションズ、『みんなで考えよう就活と採用』『リクルータースキルハンドブック』『派遣社員のためのキャリアデザインハンドブック』『メンタルヘルスセルフケアハンドブック』『人材組織教育総合手法』『ビジネス基本力to将来力』『キャリア権時代のキャリアデザイン』日本生産性本部生産性労働情報センター　ほか

古望　髙芳 (こもう たかよし)

中小企業診断士、ファイナンシャルプランナー（2級）
千葉商科大学商学研究科客員教員
千葉工業大学外来講師
PHP研究所ゼミナール講師

早稲田大学商学部卒、千葉商科大学大学院修了
　パナソニックに入社し、自動車メーカー担当営業を中心に35年間車載機器関連事業に従事。2009年社内資格「松下幸之助経営理念実践伝道師」を取得。現在は中小企業診断士として人財育成・キャリアデザイン・組織開発、またBtoBマーケティング・地域活性化等のコンサルティングに従事している。
　著作に『商店街機能とまちづくり〜地域社会の持続ある発展に向けて〜』第6章「商店街における小型専門店のあり方」、『中小企業の経営と診断』第3章「経営者論と経営理念」（いずれも創風社：小川雅人編著）がある。

栗原　拓 (くりはら たく)

中小企業診断士、行政書士
千葉商科大学商学研究科客員講師（非常勤）
一般社団法人千葉県ニュービジネス協議会シニアアドバイザー
公益財団法人政治経済研究所会員、経営行動研究学会会員

早稲田大学商学部卒業
　都市銀行に入行後、30年以上に亘り国内中小企業の法人取引を担当。内、10年以上審査所管部に所属し、低格付先の審査、管理、回収業務を担当。近代セールス社発刊の銀行実務誌、「近代セールス」、「バンクビジネス」の特集記事の執筆に参加。
　2010年英国国立ウェールズ大学（日本語プログラム）MBA。2016年千葉商科大学商学研究科修士課程修了。現在は、千葉商科大学大学院中小企業診断士養成課程にて経営戦略の講義を担当、企業コンサルティング実習指導に従事している。

中小企業の持続可能な経営の基礎

2024年9月12日　初版第1刷	ISBN978-4-88372-614-1 定価　1,650円（本体1,500円＋税10%）

　　著　者　　加賀　博、古望髙芳、栗原　拓

　　発　行　　公益財団法人 日本生産性本部
　　　　　　　生産性労働情報センター

　　〒102-8643 東京都千代田区平河町2-13-12
　　Tel：03（3511）4007
　　Fax：03（3511）4073
　　https://www.jpc-net.jp/lic/

デザイン・印刷・製本：第一資料印刷㈱

＜生産性労働情報センター書籍ご案内（加賀博氏の本）＞

留学生・外国人材およびビジネスパーソン必読！

日本総合基礎知識　　～日本の産業、地理、文化～

　少子高齢化による労働力人口減少が危惧されています。そこで政府や経済界は緊急対策のために、留学生と外国人労働者の増加を第一意義に考えています。

　そうした状況下、最も大切で重要なことは留学生、外国人材に対し正しく、詳しく日本を知らしめ日本の魅力と価値を総合的に理解してもらうことです。さらに最近では「日本を知らない日本人が多い」ともよく言われます。

　本書は、日本の産業、地理、文化など、日本で学び、働くにあたって、より良い社会生活と暮らしに必要な総合的基礎知識を提供し、日本の理解を深めてもらうための一冊です。

　　　　　A5・187頁　並製　本体 1,500 円（税 10％）2024 年刊行　ISBN978-4-88372-613-4

パラダイムチェンジ時代に挑戦

　　　　　　　　　～釈迦と空海に学ぶ「経営思考行動原理」～

　経営活動も思い通りにならないことばかりです。経営環境は絶えず移り変わり、まさに"空"の状況です。従業員もお客様も商品もサービスも絶えず変化し続けています。このような変化に対応するためにも経営者自身が自己を見つめ、適正な考え、行動を変化に応じて取らなければなりません。まさに釈迦の教えである四締八正道の実践に他なりません。

　また、企業活動は過去のあらゆる知識・技術・ノウハウ・情報などを未来のために再創造し、製品・商品・サービス・情報システム・経営活動ルールに生かす必要があります。そしてすべては関連し合い繋がり、そして働き合い影響し合い成果を生み出します。そのことは、まさに弘法大師空海の説く曼荼羅世界そのものです

　　　　　A5・119 頁　並製　本体 1,650 円（税 10％）2023 年刊行　ISBN978-4-88372-603-5

> ご購入は大手書店、ネット書店、日本生産性本部のホームページから
> お待ちしております　https://bookstore.jpc-net.jp/

ラストキャリアデザインを考える

-人生100年時代の長寿高齢社会を迎えて-

　日本の平均余命の伸びは著しく世界で最も長寿な国となり、まさに人生100年時代が近づいています。戦後、ひとつの会社を勤め上げるというビジネスキャリアを全うし、その後は余生を送るのが一般的なビジネスパーソンだったかもしれません。

　しかし人生100年時代の今後は、ラストキャリアをデザインすることが必要になるでしょう。

　本書は、そのために独立起業を考えたり、長く健康な人生を送るための日頃の生活の工夫が書かれた一冊です。

　　　A5・86頁　並製　定価1,100円（税10％）2021年刊行　ISBN978-4-88372-584-7

パラダイムチェンジの時代に適応するための２つの改革

〜経営人材改革×経営基本改革〜

　いつの時代にも重要な、企業経営の不易流行なテーマは何でしょう。企業経営を存続・維持・発展させるには、経営人材自らがいかに理念・目標を掲げ、どのような経営者を目指すかの自己ビジョンと、経営者自身の心身の健康が必要です。

　そして経営者は、リーダーリップを経営環境にあった経営戦略、経営手法とともに発揮することが必要です。

　そこで本書では、企業規模や企業内容に関わらず具現的に体系化し、わかりやすく実践的方法として、経営人材改革と経営基本改革についてまとめています。

　　　A5・135頁　並製　定価2,200円（税10％）2021年刊行　ISBN978-4-88372-578-6

ビジネスパーソンのための未病＆ストレス対策

　多くのビジネスパーソンが仕事の量・質、仕事の失敗・責任の発生、対人関係から強いストレスを感じています。

　人生100年時代を迎え、ビジネスパーソン自身が健康で働き続けるためには、まずは病気にならないように生活習慣に気をつけ、ストレスがあってもセルフケアできるように、正しい知識が必要です。

　本書は、ビジネスパーソン自身が生活習慣の改善と健康を維持していくための様々な方法について、正しい知識を得て気軽に取組めえるよう、また人事担当者や現場のマネージャーが従業員や部下にアドバイスをできるような内容になっています。

　　　A5・80頁　並製　定価1,100円（税10％）2016年刊行　ISBN978-4-88372-555-7